차별하는 구조 차별받는 감정

차별하는 구조 차별받는 감정

이주희 지음   글항아리

들어가며

지성으로 현실을 비관하더라도
의지로 미래를 낙관하는 것을 멈추지 않아야
세상을 바꿀 수 있다.

—안토니오 그람시 & 앤드루 솔로몬

전혀 차별받지 않고 일생을 살아가기란 어려운 일이다. 누구든 차별을 받아 위축되거나 분개한 경험이 있을 것이다. 최근에는 극심한 부와 소득의 불평등 아래 혐오정치가 만연하면서, 차별받는 사람들 간의 갈등까지 주목받고 있다. 한국에서 혐오정치는 인종적 배타성이나 민족주의가 아니라 사회적 소수자, 더 정확히는 '능력' 없는 자에 대한 경멸과 폄훼로 나타난다. 가난한 부모를 둔 것, 비정규직이 된 것, 여성으로 태어난 것, 장애를 가진 것 등이 한결같이 개인의 무능력과 연결되며, 그런 이유로 차별은 정당화된다.

이처럼 차별이 넘치는 사회에서 구조적 차별이 없다는 논리가 동시에 존재하는 것은 많은 사람이 구조화된 차별을 식별하는 데 어려움을 겪고 있기 때문이며, 이런 상황에서 개인의 저항은 쉽게 무력화된다. 이 책은 차별을 당연시하며 영속시키는 우리 사회의 구조를 살펴보고, 차별받는 사람의 감정을 통해 이를 재조명하고자 한다.

차별에 대한 학술적 성과는 누적되고 있음에도, 차별이 차별받는 사람에게 어떤 영향을 미치는가는 덜 주목받았던 것이 사실이다. 차별을 제어하는 제도에 대한 논의가 차별받은 사람들의 감정에 대한 체계적인 이해하에 마련될 때 수용성과 실효성은 높아질 수 있다. 차별은 그 자체로 비윤리적이며 부도덕한 행위일 뿐 아니라, 차별받는 사람이 온전한 주체성을 가진 개인으로 행복을 느낄 권리를 훼손한다는 점에서 바로잡아야 할 사회악이다.

내가 차별이라는 주제에 관심을 갖게 된 데에는 전공 분야인 사회학과 노사관계라는 학문의 성격뿐 아니라, 학교의 선택도 영향을 미쳤다. 내 선택이라기보다는 가족의 선택에 더 가까웠지만, 이화여대는 1980년대 한국 사회에서 젊은 여성이 지배적 규범의 제약 없이 독자적인 사고를 할 역량을 키우기에 더없이 좋은 환경을 제공해주었다. 이름값이 높은 사립대 대신 마지막 순간 마음을 바꿔 계급이론가로 잘 알려진 에릭 올린 라이트 교수가 있는 위스콘신대학으로 가기로 했던 선택은 더 결정적이었다. 되돌아보니 그를 지도교수로 만나 진보적인 사회과학 이론을 배운 것이 내 삶을 바꾼 결정적인 계기가 된 듯하다. 그는 차별과 불평등에 대한 강렬한 문제의식을 이론에 녹여내는 방식을 가르쳐주었다. 대학원 시절 연구조교로 함께 일했던 법학자이자 정치학자인 조엘 로저스와 노사관계 전문가이자 사회학자인 볼프강 스트렉 교수로부터는 좋은 사회를 위한 사회적 과업과 제도를 고민하는 것이 사회과학이라는 학문에 뒤따르는 게 아니라 그것의 본질이 될 수도 있음을 배웠다.

역설적이지만, 차별을 덜 겪었던 내 성장기 환경도 영향을 미친 듯하다. 남아선호가 꽤 남아 있던 1960년대 중반에 태어났지만 부모님은 내가 공부를 계속해 직업, 특히 전문직을 갖는 것을 당연한 일로 기대했다. 또한, 비록 미국 사회 전반은 그렇지 못했을지라도, 자유롭고 진보적이었던 사회학과 대학원의 특성상 직접적인 인종 차별이나 성차별의 경험은 드물었다.

반면 학위를 받고 돌아온 1990년대 중후반 한국 사회 전문 직종에서의 여성 차별은 극심했다. 이 책을 쓰면서 서른 살 안팎의 내가 겪었던 최악의 면접을 기록해둔 메모를 찾아 읽어봤는데, 그 메모는 웃기고, 슬프고, 또 흥미로웠다. 서른 살의 나는, 내가 겪은 일을 무미건조하게 기록한 후, 그 모든 것이 내가 아닌 잘못된 구조와 관행에서 비롯됐음을 지적하고 앞으로도 겪을 수 있으니 그때는 어떻게 하면 좋을까에 대해 생각하고 있었다. 고용될 가치가 없는 성性에 속한다는 강렬한 메시지를 받고도 열패감에 휩싸이지 않을 수 있었던 것은 어린 시절 부모의 절대적인 지지 속에서 얻은 감정적 자원이 풍부해서가 아닐까 생각한다.

차별을 극복하는 힘은 차별이 차별하는 이나 차별당하는 사람의 문제가 아니라 조직과 국가와 신념 체계가 복합적으로 작동해 발생한 구조의 문제임을 인식하는 데서 생겨난다. 차별이 구조의 문제라면 단지 몇몇 차별하는 이의 행위를 바꾸는 데서 그치지 말고 행위가 이루어지는 판 자체를 새로 구성해야 한다. 차별이 인간의 번영을 훼손하고 불필요한 비용을 유발한다는 명백한 사실을 넘어, 실제로 어떤 차별로부터도 보호받지 않아도 되는 핵심적인 다수자 집단은 극히 소수라는 점을 강조하고 싶다. 우리는 대부분 한 차원에서는 다수자 집단에 속하지만 다른 차원에서는 소수자 집단에 속한다. 여성 정규직이라도 성별 위계에 의해 승진상의 차별에 노출될 수 있다. 남성 비장애인이라도 성적 지향에 의해 배제되고 따돌림당할 수 있다. 이 불완전하며 부정의한 세상을 바꾸는 일에 마음을 합치는 것은 도덕적으로 올바른 일일 뿐 아니라, 능력과 성과를 추앙하는 사람들이 좋아하는 최대 다수의 최대 행복이라는 공리주의적 관점에서도 지극히 합리적인 일이다.

차별이라는 주제를 먼저 제안해준 이은혜 편집장이 아니었더라면 이 책은 영원히 세상에 나오지 않았을 수도 있다. 『한겨레』에 예상보다 훨씬 더 긴 시간 동안 칼럼을 쓰면서 다양한 주제에 대한 생각을 다듬을 수 있었던 것도 큰 도움이 되었다. 이 책은 또한 이화여대 사회학과 박사과정생인 윤자호, 이다은 두 조교의 적절한 연구 지원에도 빚을 지고 있다. 이 기회를 빌려 이 책이 만들어지기까지 애써주신 모든 분께 감사드리며, 함께 사는 인간의 바쁜 일정을 잘 참아준 고양이 이매진에게도 미안한 마음을 전한다.

2023년 6월
이주희

차례

제1장

차별이 어떻게 차별받는 사람을 무너뜨리는가?

차별의 풍경: 김지영과 피콜라

자신과 다른 무언가에 대해 거리감을 느끼는 것은 당연하다. 그런 차이가 단순한 거리감으로 남지 않고 경계심, 편견이나 적대감으로 비화해 합리적인 사유 없이 불이익을 주기 시작할 때 차별이 시작된다. 이런 차별을 지속적으로 당할 때 개인들은 과연 어떻게 될까? 실제로 우리 곁에는 차별을 당한 사람들이 겪는 문제점을 세밀히 기록한 방대한 문학작품과 영상매체가 존재한다.

한국 사회의 여성 차별을 그린 『82년생 김지영』[1]이 그런 작품 중 하나다. 작중의 김지영은 직장생활과 가사, 양육을 통해 누적된 차별의 경험으로 일종의 정신질환에 시달리는 것으로 묘사된다. 갑자기 자기가 아닌 다른 사람의 목소리를 내기 시작한 것이다. 타의에 의해 온전한 자기 삶의 통제력을 잃은 주인공에 대한 적절한 비유일 수 있겠다. 이 소설의 주인공처럼 극적으로 변화하지 않더라도, 차별은 사람의 마음을 병들게 해 정체성에 치명상을 입히며, 결국 자존감을 무너뜨린다. 아마 주변에서 가장 쉽게 발견할 수 있는 차별의 부정적 영향일 것이다. 그나마 작중 김지영은 성차별이라는 단일한 요인에 의해 고통받고 있다. 차별이 중첩될 때, 개인이 받는 고통은 더 심각해진다.

작가 토니 모리슨의 첫 소설 『가장 푸른 눈*The Bluest Eye*』[2]의 주인공 피콜라는 여성, 흑인, 어린이라는 복합적인 소수자 지위를 가지고 있다. 자기 불행의 원인을 외모에서 찾으며, 늘 주목받고 환영받는 '아름다운' 백인 소녀의 파란 눈을 갈구한다. 흑인이었던 저자는 서문에서 이 소설이 어린 시절 친구와 나누었던 대화에 근거하고 있다고 밝힌다. 초등학교에 갓 입학했던 그녀의 친구가 백인의 파란 눈을 원한다고 말했을 때 어린 모리슨은 어울리지 않는 그 모습을 상상하고 역겨움을 느낀다. "차별을 받았을 때, 이유 없이 미움을 살 때, 존재 자체를 거부당할 때 (…) 그러나 그것들을 정당한 것으로 무조건 받아들일 때, 이러한 자기혐오의 일부 희생자들은 위험하게 폭력적으로 변해가며 그들에게 모욕감을 주었던 적들을 재생산해내는 데 기여한다. 다른 이들은 자기의 정체성을 버리고 항복하며 그들을 그렇게 만든 구조에 스며들어간다. 물론 이런 부당한 차별을 극복하며 더 성장해가는 사람들도 많다. 그러나 몇몇은 이를 표현하거나 인정할 힘조차 없이 조용히, 익명으로 남은 채, 스러져간다. 그들은 보이지도 않는 존재들이다."[3]

위험하게 폭력적으로 변해간 대표적인 등장인물은 피콜라의 아버지 촐리다. 태어나서 나흘째, 촐리의 어머니는 그를 담요와 신문지에 싸서 철길 근처 쓰레기더미에 버렸다. 이모할머니 덕에 간신히 구해졌으나 10대 중반에 하나뿐인 그 친척마저 잃는다. 그는 그즈음 한 소녀와 숲속에서 사랑을 나누다 총을 든 두 명의 백인 사냥꾼을 만나는데, 그들은 촐리를 능멸하며 소녀와의 성관계를 계속하라고 강요한다. 그를 모욕한 백인들에게 분노를 돌리는 대신, 그는 자신의 무력한 모습을 목격한 흑인 소녀를 증오한다. 그는 증오를 백인에게 투영할 생각은 아예 못 했다. 무기를 가진 거구의 백인에 대항하는 일은 어리고 힘없는 흑인 소년을 파멸시킬 것이므로. 백인 가정의 충실한 하녀 역할을 하며 그들의 인종적 위계의식을 받아들여 완벽히 적응한 그녀의 어머니는 피콜라에게 전혀 도움이 안 된다. 결국 피콜라의 아버지는 백인 남성에게 당한 굴욕을 흑인 여성에게 돌려주는 행위를 지속하는데, 딸을 성폭행하는 것도 이런 맥락에서 발생한 일이다. 종종 그렇듯이, 극단적인 자기혐오는 여기서도 죽음으로 이어지며, 피콜라의 존재를 지워버린다.

피콜라가 마주했던 가혹한 지배 문화의 차별은 오늘날에도 보편성을 가진다. 모두가 그런 것은 아니지만, 아주 취약한 위치에 처하면 지배적인 사고로부터 구조적으로 자유로울 수 없다. 김지영과 피콜라 모두 가족, 학교, 직장 등 핵심 조직으로부터 차별받았다. 특히 너무나 어렸던 피콜라는 이를 차별로조차 인지하지 못한다. 작품들의 배경이 된 2010년대의 가부장적인 국가 한국과 1940년대 인종차별적인 국가 미국은 모두 차별금지법조차 제정하지 않았다. 구조

속에 숨겨진 차별을 차별로 온전히 인지하는 것은 차별을 극복하기 위한, 그리고 그 차별로 인해 훼손된 자존감과 정체성을 회복할 가장 기본적이고도 중요한 첫 단계다.

차별받는 마음: 감정사회학

물론 차별이 차별받는 사람 모두를 무너뜨리는 것은 아니다. 예를 들어 『가장 푸른 눈』에는 피콜라의 상황을 주시하고 설명하는 클라우디아가 있다. 여유롭지는 않지만, 피콜라보다 훨씬 더 안정된 가족의 지원을 받는 그녀는 백인 중심의 문화와 흑인 차별에 격분하며 저항하는 목소리를 들려준다. 그러나 이 소설에는 클라우디아와는 다르게, 같은 흑인이면서도 피부색이 좀더 밝다는 이유로 더 검은 흑인들을 무시하며 백인 지배 문화에 동조하는 흑인도 많이 등장한다. 결국 차별받는 마음은 하나가 아니며, 저마다 다르다. 사회적 약자를 무시하는 자들에 대한 분노가 필요할 때 자학과 체념, 포기, 그리고 오히려 유사하게 차별받는 소수자에 대한 혐오의 감정이 압도하는 것을 우리는 종종 감지한다.

우리가 감정에 관심을 가져야 하는 이유는 바로 감정을 통해 차별을 생산하고 재생산하는 거시 구조의 전면적 변화를 꾀할 수 있기 때문이다. 감정은 모든 종류의 집합행동에 연루되어 있다.[4] 특히 마이클 해먼드는 거시 구조를 인간의 정서적 역량의 산물로 보며, 사회 분화와 계층화도 여기에 근거해 설명한다. 그는 사회적 유대가 강력하고 긍정적인 정서적 각성에 근거하고 있고, 이러한 각성을 계속 유지하려 한다고 본다. 그러나 인간의 정서적 자원은 제한돼 있어서, 장기화된 각성 상태는 우리 몸이 거부한다. 따라서 인간은 정서적으로 연결된 대상을 제한해야 하는 상황에 맞닥뜨린다. 인구밀도가 높을수록 성별, 연령 등 관찰 가능한 특성에 따라 대상을 차별할 가능성이 커진다. 즉, 내재적 정서상의 동기와 정서적 한계에 의해 사회 불평등이 생산되고 영속되는데, 이러한 불평등의 강도는 인구밀도와 정적인 상관관계를 갖고 있다.[5] 해먼드의 이러한 통찰은 밀집된 공간에 모여 살 수밖에 없었던 한국인의 미세한 차이가 왜 종종 차별과 불평등으로 확산되는지에 관해 설명의 근거를 마련해준다.

감정사회학의 발전에 큰 기여를 한 앨리 러셀 혹실드는 차별 뒤에 자리하고 있는 감정을 포착해 이를 좀더 심층적으로 이해할 수 있게 해준다. 혹실드는 『관리받는 마음*The Managed Heart*』(한국어판 제목은 '감정노동')[6]에서 고용주의 요구에 따라 감정 표현을 관리해야 하는 감정노동자를 소개했다. 감정노동을 하는 직업군에 여성이 더 많은 이유는 남성보다 가용 자원이 부족한 상태에서 자신의 감정까지 활용해 노동을 팔아야 하기 때문이다. 이러한 감정 관리는 일자리뿐 아니라 삶의 모든 영역에서 일어날 수 있다. 이 개념을 통해 혹실드는 흔히 자연스럽게 발현되는 것으로 알려진 감정이 자신이나 타인에 의해 관리될 수 있는 것임을 명확하게 해주었다.[7] 개인은 여러 사회적 요인에 의해 무언가를 느낄 수 있게 될 뿐 아니라, 바로 그 사회적 요인들이 그들이 무엇을 느끼는가에 대해 생각하고 행동하게 만들 수도 있다는 것이다. 즉, 감정은 평가되고 관리될 수 있다.
그래서 '감정 작업emotion work'은 어떤 느낌을 억누르는 것뿐 아니라
느낌 자체를 만들어내고 고양하는 것까지 포함한다. 개인의 감정이
사회적 상황이 요구하는 것과 일치하지 않을 때 더 많은 감정 작업
이 일어난다.

　　혹실드에 따르면, 감정을 관리하는 규칙은 이데올로기 자체에
내재되어 있다.[8] '프레임 규칙framing rules'은 어떤 상황을 정의하거나
거기에 의미를 부여하는 규칙을 말한다. 혹실드는 해고당한 사람이
그것을 고용주의 횡포로 여기는가 아니면 자신의 무능력과 실패로
규정하는가를 그 예로 든다. '감정 규칙feeling rules'은 바로 그 감정과
상황 간의 일치 혹은 불일치 상황을 평가하는 기준을 뜻한다. 어떤
감정 규칙에 따르면, 고용주나 회사에 화를 내거나 비난하는 것은
적절하다. 다른 감정 규칙에 따르면, 그렇게 할 수 없다. 따라서 어떤
개인이 이데올로기를 바꾸면 과거의 규칙을 버리고 새로운 규칙을
적용할 수 있게 된다. 이 과정에서 단지 어떤 상황에 대한 인식만을
바꾸는 것이 아니라 대안적인 감정을 느낄 권리까지 새롭게 가져야
그 이데올로기에 저항할 수 있게 된다. 예를 들어 가부장제라는 이
데올로기를 생각해보자. 더 이상 가부장제를 유지하기 위한 감정 규
칙에 얽매이지 않을 때 그 이데올로기로부터 자유로워졌다고 할 수
있다. 여기서도 혹실드는 흥미로운 사례를 제시한다. 아이를 어린이
집에 맡기며 죄책감을 느끼는 두 어머니가 있다. 여성주의적 사고를
하는 어머니는 그녀가 이처럼 죄책감을 가져서는 안 된다고 느낀다.

전통적인 여성적 사고를 하는 다른 어머니는 그녀가 더 심하게 죄책감을 가져야 한다고 느낀다. 한 사회의 지배층, 또 일반적인 사회집단 모두 그들의 프레임 규칙과 감정 규칙의 정당성을 주장하기 위해 투쟁 중이다. 혹실드는 바로 이러한 감정의 관리를 지배하는 것 자체가 정치적 투쟁의 영역이 될 수 있다고 주장한다.

실제로 많은 사회운동의 목표가 이런 감정 규칙을 바꾸는 것이다. 일반적으로 여성은 분노의 감정을 남성보다 더 억누르는 반면, 남성은 공포와 불안의 감정을 숨긴다고 한다. 분노는 개인의 권리 및 지위와 관련된 것으로, 사회적으로 낮은 지위를 감수해야 했던 여성에게 적절치 못한 감정으로 여겨져왔다. 이민진의 첫 장편소설 『백만장자를 위한 공짜 음식』[9]에는 프린스턴대학에서 교육받은 케이시 한이 미국에 온 한국 이민자인 아버지와 격렬하게 싸우다가 이렇게 쏘아붙이는 장면이 나온다. "학과에서 일등을 해도 저 애는 집안이 보잘것없으니까 별거 아니라고 생각하는 아이들과 친구로 지내는 것이 어떤 건지 아세요? (…) 말로는 동등하다는 사람들이 저를 마치 지저분한 것을 가득 채운 유리 인형처럼 바라보는 것이 어떤 기분인지 아시겠어요? 짐작이나 가시냐구요." 이를 불안하게 바라보던 어머니 리아는 제발 입을 다물라고 한국어로 소리치고는 다음과 같이 한탄한다. "큰딸[케이시]은 마치 화난 짐승 같았다. 어째서 조셉[아버지]의 이런 면을 닮지 않도록 키우지 못했을까. 남자는 화를 내도 괜찮지만, 여자는 곤란하다. 이렇게 멋대로 분을 터트려서는 안 된다. 세상 이치가 원래 그렇다. 저런 성격으로 대체 어떻게 살아가려고 그러나." 결국 소설 속 케이시는 아버지한테 심하게 맞고 집에서 쫓겨난다. 그런데 왜 성별에 따라 느낄 수 있는 감정의 내용이 차이 나야 하는가?

감정적 해방은 사회구조의 변화를 가져오는 데 있어 지적인 해방 못지않게 중요하다.[10] 따라서 차별하는 구조 아래 차별받는 사람들의 감정이 더 이상 부차적인 현상으로 남아 있어서는 안 된다. 차별받는 사람들의 감정에 작동하는 프레임 규칙과 감정 규칙의 파악이 차별 극복을 위해 필요하기 때문이다.

차별과 불평등: 대안의 탐색

차별과 불평등은 밀접하게 연관된 개념으로, 사회에 미치는 악영향을 서로 강화한다. 특정 소수자 지위를 사유로 한 차별적 처우는 사회의 불평등을 악화시키며, 사회의 불평등이 극단적으로 확산될수록 차별적 행위는 제어받지 않고 더 만연할 수 있다. 예란 테르보른의 『불평등의 킬링필드*The Killing Fields of Inequality*』[11]는 빈곤뿐 아니라 불평등으로 인한 격차 자체가 인간 삶의 가장 기본적인 차원에까지 가져오는 엄청난 차이에 주목한다. 예를 들어 자본주의화로 불평등이 가파르게 증가한 러시아와 우크라이나에서는 1990년보다 2009년의 기대 수명이 오히려 더 낮아졌다. 비슷한 시기에 자본주의 국가들 내에서도 소득에 따른 기대 수명의 격차는 점점 더 벌어져 소득 분포 하위 20퍼센트의 남성은 상위 20퍼센트의 남성보다

12.5년 더 빨리 죽는다. 소득만이 문제가 아니다. 1990년대 네덜란드에서 유럽의 다수 국가를 대상으로 한 조사에 따르면 대학을 졸업한 사람에 비해 초등학교 교육만 받은 경우 10만 명 중 1000명에서 2000명에 이르는 사람들이 75세 이전에 더 많이 죽는다고 한다. 실업도 많은 사람을 죽인다. 실업자의 아내는 다른 기혼 여성보다 먼저 죽는다. 테르보른은 또한 불평등이 단지 가난한 사람과 부자만의 문제가 아님을 강조한다. 오스카상을 수상한 배우는 수상하지 못한 경쟁자보다 3년 더 오래 산다. 노벨상을 탄 과학자는 일반 과학자보다 오래 산다. 이처럼 신분상의 불평등은 영화와 과학의 성지에 있는 사람의 수명마저 단축시킬 수 있다. 테르보른의 관점은 옳다. 불평등으로 인해 사람은 더 빨리 죽을 뿐 아니라, 죽는 것보다 더 나쁜 일도 아주 많이 겪는다.

그렇다면 불평등이 차별을 악화시키는 이유는 뭘까? 가장 직관적인 이유는 불평등으로 인해 시간과 자원이 더 결핍될수록 차별 시정을 위한 정치적 행위에 적극 참여하기 어렵다는 것이다. 그보다 더 주목해야 할 것은 테르보른이 밝힌 주된 불평등의 기제 중 하나인 '거리 두기distanciation'다. 부자와 빈자는 이제 너무나 달라져서 서로를 잘 모른다. 가난하고 제대로 교육받지 못하면 빨리 죽는가? 교육받은 부자가 이 문제를 해결할 능력이 더 크겠지만, 이미 오래 살 수 있는 그들은 그 해결책에 관심을 기울일 이유가 없다. 이제 함께 배우지도, 함께 시간을 보내지도 않는 이들은 서로에게 무감각해지고 있다. 이는 극소수의 엘리트에게만 해당되는 일이 아니다. 입직구도 다르고, 자격 조건도 다른 정규직과 비정규직은 이제 서로에게 관심을 갖지 않는다. 물론 이들 사이의 이러한 무관심과 적대감을 조장하기 위한 사용자 전략의 영향도 크게 작용했겠지만. 우리 사회의 비정규직, 혹은 불안정 노동자는 정규직과 이미 서로 다른 신분이 되어 몸담은 조직 내에서 가장 기본적인 권리마저 동등하게 누리고 있지 못하다. 테르보른은 불평등을 인간의 발전과 성취로 이룩한 가능성으로부터 배제된 상태로 본다. 노동시장의 이등 시민과 언더클래스들은 인간으로서의 기본적인 자존감과 존엄, 자기 발전의 가능성을 심하게 제약받으며 살고 있다. 단순히 부자 부모를 두지 못해서가 아니라 노동시장에서 비싼 값에 판매될 적절한 재능을 갖지 못한 탓에 차별적 대우를 받고 있다는 점이 강조되는 만큼, 이들에 대한 차별은 개선되어야 할 문제점이 아니라 오히려 신자유주의적 이데올로기와 그것을 담지하고 있는 주체들을 재생산해내는 주된 기제가 된다.

따라서 차별 극복을 위해서는 차별금지법의 제정과 같은 입법적 노력과 함께, 거리 두기를 강화하는 방식으로 전개되어온 사회정책에 대한 대안을 진지하게 고민해야 한다. 우선, 한국은 공공복지보다 사적 복지에의 의존도가 너무 높다. 대기업과 중소기업, 정규직과 비정규직 간에는 임금 격차만 있는 것이 아니다. 대기업의 정규직이라면 자녀의 대학 학자금 지원 등 다양한 복지의 수혜자가 되지만 불안정 노동자는 이 모든 보호망 밖에 있다. 기업이 정규직 고용을 기피하는 주원인이 되기도 한다. 코로나19가 기승을 부렸을 때 재난지원금마저 기어코 받는 자와 받지 못하는 자로 나누고 말았던 선별적 복지의 이면 효과는 치명적이다. 하층 복지 수혜자에 대한 공공연한 비난과 조세 저항이 극심해질 수 있으며 세금은 더 많이 내지만 받지 못하는 자의 소외감이 무관심을 거쳐 상대에 대한 혐오로 바뀌는 것은 시간문제일 수 있다.

　형용모순인 리얼 유토피아는 현실과는 다른 세계에 대한 꿈과 실천 사이의 긴장을 뜻한다. 진보적인 제도를 통해 인간의 가능성을 극대화하고자 하는 학자들의 공동 프로젝트 제목[12]이기도 하다. 차별적인 구조에 균열을 일으켜 차별받는 감정에 영향을 미치는 프레임 규칙과 감정 규칙을 변환하기 위해서는 기본소득과 같이 리얼 유토피아의 영역에 속하는 제도에 대해서도 마음을 열 필요가 있다. 우리 사회 소수자에 대한 차별은 그 기저에 능력주의를 배태하고 있는 만큼, 모든 시민에게 보장되는 기본소득, 그리고 교육과 의료, 그 외 필수 서비스와 관련된 기본 서비스는 지나친 경쟁, 기회의 부족, 전반적인 삶의 안정성 부족을 완화해 현실의 우리 사회에서 너무나 부족한 평등의 에토스를 확산시킬 수 있기 때문이다.

　이 책은 총 3부로 구성되어 있다. 1부에서는 차별을 자아내는 조직, 국가, 신념 체계라는 거시 구조를 검토한다. 2, 3, 4장에 걸쳐 각각 따로 다루고 있으나 이들은 실제로 정교하게 얽혀 각각의 구조가 가진 차별적 특성을 서로 강화한다. 2부에서는 차별받는 사람과 그들의 감정을 5장 체념, 6장 적응, 7장 혐오로 나누어 살펴본다. 대안을 꿈꾸지 못하게 하는 신자유주의적 각자도생의 신념 체계가 이처럼 다양한 감정의 기저에 놓여 있다. 마지막 3부에서는 이에 대한 대안으로 8장은 차별금지법과 적극적 조치를, 9장은 기본소득을 주요 쟁점으로 다룬다. 10장에서는 차별 없는 세상을 위해 우리가 추구할 진정한 '자유'가 어떤 모습이어야 할지 논의하는 것으로 결론을 갈음한다.

제1부

차별의 구조

제 2 장

탐욕스러운 조직,
나를 갈아넣는 시간

구성원의 절대적 헌신을 요구하는 제도와 기관으로서의 조직, 특히 가족과 직장은 차별이 발생하는 가장 중요하고 기초적인 단위다. 그럼에도 불구하고 조직에서 차별이 발생하는 기제를 엄밀하고 진지하게 탐구하지 않는다면, 우리는 차별이 존재한다는 사실조차 인지하지 못할 수 있다. 보수 정치권에서 "구조적인 차별은 없다"는 잘못된 언술이 통용되는 이유이기도 하다.

조직은 과연 합리적인가?

조직은 모든 사회생활의 기본이자, 동시에 사회적 병리 현상의 근원이기도 하다. 그러나 조직이 합리적일 것이라는 가정은 조직 내 모든 절차를 정당화하며, 차별과 불평등, 과도한 순응과 같은 문제점을 드러내지 못하게 한다.[1] 구체적인 목표를 추구하는 합리적인 집합

체로 조직을 보는 관점은 겉으로 드러난 단면만 비출 뿐이다. 사회
생활 경험이 있는 사람은 대부분 공식적이지 않은 비공식 관계나 구
조에 의해 구성원의 행위가 더 큰 영향을 받을 수 있다는 것, 가용 자
원의 대부분이 조직이 추구하는 목표 달성보다는 그 조직 자체를 유
지하는 데 사용된다는 것, 더 극단적으로는 조직의 유지라는 수단이
목표가 되어버릴 수도 있다는 사실에 공감할 것이다.[2] 조직이 외부
의 물적 자원과 제도적 환경에 크게 영향을 받는 더 큰 사회적 관계
의 일부라는 사실도 조직의 합리성을 크게 제한한다.[3]

조직에 대한 합리적 관점하에서는 채용 비리나 채용상의 차별
과 같은 문제도 인정하기 어렵다. 조직은 충원되는 구성원의 기술적
자질을 객관적으로 검증, 통제함으로써 조직의 목표를 가장 효율적
으로 추구하려 할 것이기 때문이다. 그러나 현실에서는 성별, 나이,
민족, 인종, 계급 같은 요인들이 합리적 의사결정 과정에 개입된다.[4]
가장 성 중립적으로 보이는 채용 절차를 통해 실제로는 더 많은 가
사와 육아의 부담을 안고 있는 여성이 차별받는 것이 그 예다. 조직
은 또한 그들 내부의 인력을 사회에서 인정되는 방식으로 유지함으
로써 외부 환경의 요구에 부응하고자 하는데, 이 과정에서도 차별이
발생할 수 있다. 만일 어떤 산업 내 다른 기업의 고위 관리직에 여성
이 거의 없다면 여성을 승진시키는 것을 꺼리게 된다. 특히 금융계
와 같이 보수적 관행이 유지되는 곳에서는 이것이 고도의 신뢰가 요
구되는 거래에서 불확실성을 제거하는 합리적인 판단이라 여겨질
것이다. 이처럼 많은 구성원이 조직 생존의 목적에 적합한 조직 외

적 자질을 가지고 있다고 '여겨지기' 때문에 충원되고 승진된다. 좋은 학벌이나 높은 계급적 지위와 같이 외부적으로 가치 있다고 간주되는 사회적 정체성이 조직 충원 방식의 정당성을 강화하는 것이다.

여성주의자들은 일견 합리적이고 성 중립적으로 보이는 이러한 조직이 실제로는 차별을 은폐하는 매우 젠더화gendered된 장소임을 지적한다. 조앤 애커는 조직에서 젠더화가 발생하는 과정을 다음과 같이 여러 단계로 나누어 설명하고 있다.[5] 우선, 여성의 일과 남성의 일이 공간적으로, 또 행위상으로도 구분되며, 이런 분리를 강화하는 상징과 이미지가 만들어진다. 예를 들어 기업의 최고 경영자와 고위 관리직은 성공적이고 강한 남자다운 이미지로 묘사되는 반면, 여성은 주로 남성을 지원하는 보조 업무에 더 많이 종사하며 남성과 달리 규격화된 제복 입기를 요구받을 수 있다. 이 과정에서 작업장 내 상호작용이 성별로 위계적으로 행해지면서 개개인의 젠더화된 정체성이 공고화된다. 조직의 젠더화된 기대를 이해하고 수행하기 위해 여성이 적절한 복장을 갖추고 더 부드러우며 겸손하게 자기를 표현하는 것도 당연시된다. 남성의 성적 농담을 쾌활하게 받아들이는 것과 같은 추가적인 감정노동이 의도적으로 노력해서 이뤄지는 것이 아닌 가장 바람직한 여성의 내재적 특성으로 여겨진다. 이런 과정이 진행되면서 성별은 조직의 구성 원칙으로 자리잡는데, 그로 인해 직무평가도 성별화된 채 행해질 수 있다. 실제로 매우 높은 수준의 감정노동과 역량이 요구됨에도 불구하고 여성이 일하는 하위직은 단순하고 낮은 가치를 가진 것으로 평가되는 것이다.

1980년대부터 세계화·정보화를 겪으며 기업들은 새로운 경제 환경에 노출되었다. 그러나 기존의 조직 내 위계를 약화시키는 구조조정의 일상화, 팀제 도입 등과 같은 새로운 변화가 젠더화된 조직을 좀더 평등하게 바꿀 수 있으리란 예측은 크게 빗나가고 말았다. 구조조정으로 중간 관리자의 수가 감소하면 제한된 자리를 둘러싼 경쟁은 더 격화될 수밖에 없다. 핵심 인력을 제외한 인력이 비정규직화되었고, 심지어 핵심 인력조차 외주화하는 일이 지속되었다. 이런 유연하고 효율적인 조직에서 요구하는 인력은 아픈 아이를 돌보는 일 같은 것은 하지 않는, 조직에 완전히 몰입할 수 있는 추상화된 개인이다. 시장에서의 경쟁은 여성에게도 게임에서 공정하게 뛸 기회를 주는 것같이 보이긴 하지만, 가사와 양육 등 노동력 재생산에 중요한 돌봄 노동을 공정하게 나누지 못한 상태에서 측정되는 여성의 능력은 성과를 중시하는 조직 내에서 평가절하되어 구조적으로 차별받을 수밖에 없다. 가장 세계화되고 수익성 높은 석유·가스 산업에서 일하고 있는 미국 여성 지질학자와 지구물리학자를 심층 면접한 한 연구[6]는 능력과 성과만이 작동하는 것 같은 새로운 경제 new economy에서도 조직 내 구조적 차별이 지속되고 있음을 보여준다. 이 산업에서도 경기 변동과 합병에 따라 인원 감축과 해고가 상시화되면서 팀제가 제도화되었다. 팀제에서는 상사의 평가가 절대적이지만, 여성은 남성처럼 팀에 대한 기여를 증명하기 위해 적극적으로 자기 홍보를 하기 어렵다. 이런 여성에 대해서는 나쁜 평판이 나올 수 있기 때문이다. 특히 아시아 여성 직원에 대해서는 자신을 더 낮추고 나서지 않는 태도가 기대되었다. 남성 관리자는 남성 팀원을 선호하면서 다른 남성 직원의 사전 승인하에 여성에게 일을 맡겼다. 여성은 남성 중심의 인맥에서 배제되어 종종 남성 관리자의 판단에 따라 승진이 좌절되었다. 남성 중심의 네트워크에 비해 미약한 여성 네트워크는 조직의 구조나 정책에 도전하지 않는 한도 안에서 일-가정 양립과 같은 문제를 다룰 뿐, 차별이나 불평등과 같은 문제를 본격적으로 논의하지는 못했다.

시장에서의 경쟁이 강조되면서 이런 실태가 조직적 차별이 아니라 개인의 문제로 여겨진다는 것에 우리는 주목해야 한다. 이처럼 조직 내부에 뿌리박힌 차별적 관행은 겉으로 드러나는 차별적 '행위' 자체가 부재해도 영속된다. 여성에 대한 차별은 인적자원에 대한 투자 차이라는 합리적인 이유로 무시된다. 인종차별은 흑인이 비록 기술적 역량 면에서 백인과 유사하더라도 소프트 스킬soft skill이라 일컬어지는 대인관계나 소통의 기술이 뒤떨어진다는 이유로 쉽게 합리화된다. 찰스 틸리는 저서『영속적 불평등Durable Inequality』[7]에서 바로 이런 차별이 이루어지는 조직 내부의 기제, 지속적이고 관계적이며 잘 알려지지 않은 조직 과정에 집중한다. 그는 조직 내에서 불평등이 지속되는 이유를 조직 내 기득권층에게 착취와 기회 축재opportunity hording를 하게 해주기 때문이라고 설명한다. 착취는 엘리트층의 권력과 특권을 강화하는 과정에서 주로 이루어지지만, 기회 축재는 비엘리트층이라도 고소득과 특전이 부여되는 특정 일자리를 점유한 경우 그 일자리에 다른 사람, 특히 하위직이나 소수자 집단이 접근하지 못하도록 다양한 배제 수단을 사용할 때 발생한다. 이로 인해 조직의 효율성이 저하되어도 그들의 기득권이 유지된다면 이런 관행을 바꾸지 않는다. 남성과 여성, 정규직과 비정규직, 좋은 학벌과 그에 미치지 못하는 학벌 등으로 조직 내부를 갈라친다면 기득권층이 자원을 독점하고 사회적 삶을 단순화하는 이득이 생겨난다. 승진 적체와 같은 조직 내적인 문제 해결도 가능하다.[8] 성차별, 인종차별 등 차별의 대상과 무관하게, 한번 차별적 구조가 마련되면 바로 그러한 구조를 보편적인 것으로 인식시키는 조직 간의 '모방'과, 차별받고 배제되는 사람조차 그러한 구조와 밀착시켜 그 안에서 생존 전략을 만들어가게 하는 '적응' 기제가 동시에 작동한다. 즉, 차별의 피해자 역시 존재하는 구조에 맞춰 일상적인 사회적 관계를 맺으려 노력하면서 불평등을 재생산하는 행위에 몰입하는데, 이러한 사회적 루틴이 자리 잡으면 대안적인 평등한 상태로 가려는 노력에 뒤따르는 비용이 높아질 수밖에 없다.

차별에 대한 구조적 접근

초기 신고전파 경제학에 따르면, 시장이 제대로 움직이는 상태에서는 차별이 존재할 수 없다.[9] 특정 소수자 집단에 대한 차별 선호가 적은 사용자는 상대적으로 저임금인 이들 집단을 고용함으로써 더 많은 이득을 얻고, 결국 차별에 대한 높은 선호를 가진 사용자를 경쟁에서 이겨 이들을 시장에서 퇴출시킬 것이기 때문이다. 그러나 차별은 이런 예상과는 달리 지속되었고, 이를 설명하기 위해 통계적 차별 이론이 등장했다.[10] 고용주가 개별 고용인에 대한 완벽한 정보를 보유하기 어렵고 또 정보를 얻기 위해 불가피하게 비용이 따르는 상황에서 고용주는 그 개인이 속해 있는 인종이나 성별에 대한 통계적 일반화를 통해 교육과 경력 등 명백한 척도에서 얻어낼 수 있는 정보를 보완하려 한다는 것이다. 설사 차별의 대상이 되는 집단의 생산성이 다수자 집단과 똑같다 하더라도 이 집단 내의 분산이 매우 크다면, 즉 평균값이 같더라도 여성이나 유색 인종 등 소수자 집단은 평균적인 생산성 보유자보다 생산성이 매우 높은 사람과 낮은 사람이 많은 극단적인 분포 상태를 이루고 있다면, 위험을 기피하고자 하는 사용자는 좀더 안전하게 다수자 집단을 선호하게 될 것이다.

차별에 대한 구조적 접근은 신고전파 경제학 이론을 정면으로 반박한다.[11] 즉, 고용주는 경제학자들이 가정하듯이 그렇게 합리적인 사람들이 아니라는 것이다. 전적으로 경제적인 계산에 근거해 결정을 내리기보다 이들은 개별 노동자에 대한 문화적, 규범적 판단에 근거해 인사 결정을 내린다. 이런 준거틀 안에서 어떤 일자리는 여성의 것으로 낙인찍히며, 여성이 남성보다 낮은 임금을 받는 것을 당연시하는 인사 담당자들 때문에 이런 결정은 기업의 인사 유형으로 정착되어간다. 구조적 차별은 한번 조직에 내재화되면 관행을 바꿀 때 생겨날 위험을 기피하는 조직의 관료적·제도적 관성 탓에 고치기가 매우 어려워진다.[12]

통계적 차별 이론과 차별에 대한 조직론적 접근은 이처럼 전혀 다른 이론적 배경과 가정에 기반하고 있지만, 중요한 공통점이 있다. 고용상의 차별은 기업의 일상적 업무와 관행에 완벽히 내재화되어 있어 어떤 한 정책으로는 시정이 불가능하다는 것이다.[13] 만일 고용평등법이 차별적인 태도를 가지고 의도적인 차별을 행하는 개인의 규제에만 초점이 맞춰져 있다면 겉으로는 중립적이나 차별적 효과를 가져오는 제도 자체에 각인되어 있는 차별적 관행과 조직의 타성을 규제하는 데는 결코 유용하지 않다. 예를 들어 내부자 추천으로 새 인력을 충원할 때 내부자 대부분이 남성이라면, 비록 차별적 의사와 행위가 없었다 하더라도 신입 직원은 대부분 남성으로 구성될 수 있다. 이런 구조적 문제는 악의적이고 고의적인 차별적 처우 disparate treatment에 대한 법적 제재만으로 해결하기 어렵다. 게다가 편견을 가진 고용주의 생각과 관련된 상황 증거를 충분히 확보해 직접적인 차별을 법적으로 증명하는 것도 결코 쉬운 일이 아니다.

바로 이러한 이유로 차별적 효과 disparate impact, 즉 표면상 중립적이더라도 특정 소수자 집단에게 차별적 결과를 가져오는 간접차별의 개념과 이를 고치기 위해 노동시장에서의 실질적 결과를 중시하는 적극적 조치가 차별 규제의 새로운 대안으로 떠올랐다. 간접차별의 개념을 확립하는 데 가장 크게 기여한 것은 미국의 그리그스 Griggs 대 듀크전력회사 Duke Power Co. 소송이었다. 미국 시민권법 제7편은 제정과 함께 자발적인 동의를 얻어내고 실질적인 법 시행에 대비하기 위해 1년의 유예 시기를 제공했다. 그러나 바로 이 1년간 남부의 주요 기업들은 겉으로는 중립적이지만 궁극적으로 흑인 노동자들의 종속적 지위를 영속화하는 인사 정책을 펼쳤다. 1960년대 초반 광범위하게 사용된 시험과 학력 기준 등이 그 대표적인 사례다.[14] 듀크전력회사도 고등학교 졸업장과 두 표준화된 시험 결과를 노동부서 외의 다른 부서에 배치하거나, 석탄을 다루는 외근직에서 내근 부서로 배치할 때 필요한 조건으로 제시했다. 1971년 미국 연방 대법원은 시험과 학력에 대한 기준이 공정하게 적용되고 악의적인 목적으로 사용되지 않는 한 합법적이라는 항소법원의 판결을 파기하고, 처음으로 분명하게 그 졸업장과 시험 성적을 요구한 행위가 간접차별로서 시민권법 제7편의 차별에 해당됨을 밝혔다.[15]

이에 대한 근거로 연방 대법원은 흑인에게 불평등한 교육 기회를 제공했던 역사적 배경으로 인해 두 가지 시험을 통과한 흑인이 6퍼센트에 불과한 데 비해 백인은 무려 58퍼센트가 통과했고, 1960년 노스캐롤라이나주 인구통계 자료를 통해 약 34퍼센트의 백인 남성이 고교 졸업장을 가진 반면, 18퍼센트의 흑인 남성만이 고등학교를 졸업했음을 제시했다.[16] 2020년대의 한국 사회에서 이것은 매우 공정한 인사 정책이었겠으나, 1960년대의 미국 사회는 이를 문제로 여겼고, 연방 대법원은 그 시험 및 고교 졸업 자격과 작업 성과의 관련성이 불충분하므로 회사 측이 주장하는 경영상의 필요를 인정할 수 없다고 밝혔다. 여기서 주의하여 살펴볼 점은 대법원이 회사가 차별적 의도 없이 단지 전체적인 노동력의 질 향상을 위해 그와 같은 제도를 도입했던 점 역시 인정했다는 것이다. 따라서 차별의 '의도'가 없더라도 간접차별의 성립에는 문제없다는 중대한 결론이 이

판례를 통해 확인된 것이다.

미국에서 간접차별이 발생했다는 소송의 근거를 확보하기 위해 고소인은 (1) 본인이 차별로부터 보호받아야 하는 집단의 일원[17] 임을 보여주고 (2) 적어도 겉으로는 중립적인 고용 관행을 지적한후 (3) 하지만 그 중립적 관행이 본인이 속한 소수자 집단에 불균등하게 더 부정적인 효과를 냈음을 보여주어야 한다. 모집과 채용, 배치 및 승진에 영향을 미치는 간접차별과 관련해 고소인은 주로 통계 자료를 통해 증명하게 된다. 고소인이 간접차별을 증명할 가장 좋은 증거는 보호받아야 하는 소수자 집단 지원자들이 그 시험을 성공적으로 통과하는 비율과 다수자 집단 지원자들의 통과 비율을 비교하는 것이다. 일반적으로 적어도 소수자 집단의 시험 통과율이 다수자 집단보다 80퍼센트 미만('4/5 법칙')이라면 간접차별을 의심할 근거를 확보하게 되는데, 여기서 원고는 소송을 성립시키기 위해 선발된 소수자 집단의 비율이 노동시장에 존재하는 자격 있는 지원자 풀이 차지하는 비율보다 낮다는 점을 보여줘야 한다. 결국 "자격 있는 지원자 풀"에 대한 올바른 정의가 소송의 결과에 큰 영향을 미친다.[18]

간접차별에 대한 규제는 기업 운영에 있어 방해받지 않아야 한다는 사용자 권리와 노동시장에서의 형평성을 보장받아야 한다는 노동자 권리 사이의 균형을 잡는 어려운 과정이었다. 그런 만큼 간접차별에 대한 규제가 미국에서 원만하게 진행된 것은 아니다. 노동시장에서의 경쟁 조건이 동등하지 못하다는 가정하에 여성이나 흑인 등 소수자 집단이 충분히 선발되도록 배려하라는 고용주에 대한 압력은 보수적인 정치 세력에게 할당제의 가능성에 대한 공포와 거부감을 불러일으켰으며, 이 때문에 차별의 개념을 직접차별에 한정시키려는 움직임 또한 계속 있어왔다. 그럼에도 불구하고 미국은 적극적 조치와 같은 정책 수단을 통해 고용상의 간접차별을 증명하고 실질적으로 규제하는 데 어느 정도 성공을 거두었다.

한국도 남녀고용평등법 제3차 개정을 통해 간접차별의 개념을 고용평등법에 도입한[19] 이후 차별 개념을 더 구체화할 것을 요구한 여성계의 요구를 반영해 제4차 개정 때는 간접차별의 정의 및 성립 요건을 구체적으로 제시했다.[20] 그러나 아직도 간접차별에 대한 기업과 국가의 문제의식은 매우 저조해 이 법제들의 실질적 차별 감소 효과는 현재까지도 미미한 상황이다. 1990년대 말 외환위기 이후 구조조정이 가속화되면서 능력주의가 인사 관행의 주요소로 자리 잡고 명백히 성 차별적인 제도는 많이 사라졌지만, 정리해고의 일차 대상이 여성에 한정되는 경향,[21] 외관상 중립적이나 여성이 절대다수를 차지하고 있는 차별적 직군제의 운영,[22] 채용과정에서 남녀 비율을 미리 정해놓고 공개 심사에서 합격권 내의 여성을 떨어드리는 기업 관행의 만연 등[23] 조직 내 공고한 차별의 구조는 여전히 누그러질 기미를 보이지 않고 있다.

노동 시간의 차별적 효과

장시간 노동은 언뜻 차별과는 무관한 현상처럼 보인다. 긴 노동 시간은 노동자 1인당 고정노동비용을 줄이려는 고용주와 일자리의 불안정성을 우려하거나 소득을 높이려는 노동자의 이해가 맞물려 발생한다. 한국은 단시간에 산업화를 이뤄내면서 근면한 노동이 성장의 필수 요인으로 부각되었고, 그 결과 장시간 노동은 뜯어고치기 어려운 수준으로 모든 조직의 구조에 자리잡았다. 미국의 경제학자 폴 크루그먼이 1990년대 말 외환위기를 계기로 아시아의 기적이 영감inspiration이 아니라 땀perspiration 때문이라고 한 논평을 생각나게 한다.[24] 이는 근면한 노동이라는 인풋이 성장이라는 아웃풋을 정비례로 만들어낼 것이라는 굳건한 신념에 기초한다. 우리는 2020년 전후에도 실노동 시간이 경제협력개발기구OECD 국가 평균보다 20퍼센트 이상 높은 최장 노동 시간 국가에 속한다.[25] 그러나 미국노총AFL의 창시자 새뮤얼 곰퍼스가 말했듯이, "단 한 명이라도 실업자가 있다면 그 나라의 노동 시간은 너무 긴 것이다."[26] 누군가의 장시간 노동은 또 다른 누군가의 단시간 불안정 노동이다. 또한 통상 시간제 노동은 여성이나 청년과 같은 노동시장의 소수자에게 집중된다. 장시간 노동자는 시간이 없어서, 또 시간제 노동자와 실직자는 돈이 없어서 총수요 촉진이 잘 이루어지지 않는다. 저출생의 원인이기도 하다. 돌봄, 자원봉사, 시민 참여 등 의미 있는 사회활동이 위축되며, 재충전의 기회가 줄어 인적자원의 손실이 발생한다. 장기적으로는 생산성이 낮아지고 소득 양극화도 심해지며 성 불평등도 악화된다.

　그럼에도 왜 장시간 노동이 지속되는 것일까? 우선, 저임금은 노동자가 장시간 노동을 선호하게 만든다. 역사적으로 노동운동이 주도한 노동 시간 단축은 단지 충분한 휴식과 여가 확보뿐 아니라 기술 발전으로 인한 실업을 막기 위해 이루어졌다. 그러나 현재처럼 노동법과 사회보장제도는 여전히 위계적이고 집합적인 고용관계의 개념에 기초한 반면, 실제 사회에서는 아웃소싱과 하청, 그리고 플랫폼 경제에서의 위장된 자영업자가 범람하는 상태라면 주 4일제와 같은 노동 시간 단축의 좋은 일자리 창출 효과는 크게 기대하기 어렵다. 정규직 노동자가 주 4일제의 혜택을 누리는 것에 대한 대가로 사측이 더 많은 수의 노동자를 노동법 밖의 개인 사업자 형태로 만들어 계약하려 할 것이기 때문이다. 임금 불평등도가 높은 업종일수록 원하는 것 이상으로 장시간 노동을 하게 된다는 연구도 있다.[27] 이처럼 불평등한 상태에서는 정규직이라고 방심할 수 없다.

가족 역시 직장 못지않게 개인의 시간과 전적인 몰입을 끝없이 요구하는 "탐욕스러운 제도greedy institutions"다. 사회 구성원의 대다수는 일과 가정생활을 함께 영위해야 하므로 이 두 핵심적인 사회 제도는 개인의 시간을 가능한 한 많이 확보하기 위해 경쟁하는 관계에 있다. 이런 상황에서, 조직이 장시간 노동을 관행화하고, 장시간 노동하는 직원을 더 선호한다면 어떤 일이 일어나겠는가? 장시간 노동은 고용주에게 승진할 가치가 있는 노동자라는 핵심적인 신호가 된다. 가사와 육아의 부담으로 이런 신호를 보내기 어려운 여성에게 유리천장이 드리워지는 이유이기도 하다. 노동 시간 단축은 또한 사측의 과도한 탄력근로제 활용 요구를 수반할 수 있는데, 이 역시 불평등한 가사노동 분담으로 인해 한시적으로도 장시간 노동을 시도할 수 없는 여성에게 불리하다. 우리만큼은 아니지만, 역시 장시간 노동 문화가 유럽보다 강한 미국에서는 전문 관리직의 초과 노동과 그에 대한 보상 증가가 남녀 평등의식의 확산에 따라 개선되고 있던 성별 임금 격차 축소에 부정적인 영향을 주었다는 연구 결과가 있다. 남성보다 더 초과 노동을 하는 여성은 극소수이기 때문이다.[28] 장시간 노동을 통해 조직에의 헌신을 보여주고 승진하는, 승자가 독식하는 마치 토너먼트 같은 경쟁 아래서 육아와 가사의 부담을 더 지고 있는 여성은 남성보다 뒤처진다. 이처럼 노동 시간은 경제적 요인뿐 아니라 문화적 규범에 의해서도 영향받는다. 장시간 노동은 그 자체가 다차원적인 불평등의 근원임과 동시에, 바로 그 불평등으로 인해 더 고치기 어려운 제도인 것이다.

장시간 노동의 이면에는 여성 노동자에게 집중된 단시간 노동이 존재한다. 이명박, 박근혜 정권에서는 여성의 고용률을 높이기 위해 시간제 일자리가 크게 증가했다. 문제는 여기서 여성에게 주어진 선택지가 경력 단절이 되어 실업 혹은 비경제활동 인구가 되든지, 아니면 시간제 일자리를 택하든지 하는 두 가지로 제한된다는 것이다. 이 둘 중에서만 고르라면 확실히 시간제를 선택하는 여성이 많을 수 있다. 하지만 양질의 공보육 서비스가 확충되고 남녀 노동자 모두의 진정한 시간 선택권이 전 생애에 걸쳐 확대된다면 남성은 초장시간 노동으로 가정과 멀어지고, 여성은 한정된 시간제 일자리에 고립될 필요가 없을 수도 있다.

여성을 단시간 일자리에서 주로 활용했던 서구의 경험은 시간제 노동이 남녀 소득 격차를 악화시키고 노동시장에서 여성의 불이익과 불평등을 지속시킨 것으로 드러났다. 예를 들어 네덜란드는 남성이 전일제로 일하고 여성은 시간제로 일하는 전형적인 1.5인 생계부양자 모델 국가다. 네덜란드는 산업별 단체교섭을 통해 시간제 노동을 보호하고 적은 시간을 일해도 생계에 큰 부족함이 없는 발전된 복지국가임에도, 시간제 노동으로 인해 보육 시설의 확충은 지연되었고, 가사와 육아 책임을 더 부담했던 여성의 경력 개발은 제한되었다. 자녀 양육의 시기가 지난 뒤에도 네덜란드 여성은 계속 시간제로 일한 터라 고용률이 높아졌다 해도 전일제로 환산된 여성 인력의 활용도는 낮은 편이다. 고령화가 더 진행됨에 따라 이 같은 여성 인력의 저활용은 향후 네덜란드의 발전을 상당히 지연시킬 것으로 보인다.[29] 결국 성 역할을 구분 짓는 것은 일을 하고 있는가의 여부가 아니라 얼마나 그 일에 시간을 투여하고 있는가이다.[30]

　　여성이 경력 단절을 막기 위해 단시간 일자리를 원하는 것은 자발적인 선택이라고 보기 어렵다. 차악을 선택하는 것일 뿐이다. 장시간 노동을 통해 직원의 몰입과 충성도를 평가하는 우리나라에서 시간제는 장기적으로 경력 단절에 버금가는 여성에 대한 낙인으로 작용할 것이다. 단시간 일자리 대신 시간 선택의 자유가 전 생애 주기에 걸쳐 모든 노동자에게 주어지는 일자리를 만들어야 한다. 교육과 훈련을 통해 더 나은 일자리로 진입할 적절한 기회가 노동자 모두에게, 그 역시 전 생애 주기 동안 제공되어야 한다. 고용률은 시간제가 아니라 시민의 삶의 질을 높일 수 있는 다양한 공공 서비스 분야의 일자리 창출을 통해 높아져야 한다. 노동시장 지위와 상관없이 경제적 안정과 일자리에서의 대표성 및 교섭권이 보장되어야 할 것이다. 이것이 지나치게 유토피아적인 대안인가? 그렇지 않다. 이미 몇몇 발전된 서구 복지국가는 단시간 노동을 정규직의 유연한 시간 활용을 위한 선택권으로 주로 활용하며, 모든 노동자에게 충분한 자기 개발의 기회를 제공하고, 법적으로 노동자성을 인정받지 못한 노동자에게도 노동자로서의 권리를 부여하고 있다.

따라서 정부의 정책은 공보육을 확대하거나 휴직과 휴가제도를 확대하는 차원을 넘어 현재 모든 노동, 복지, 사회정책의 맥락을 제공하고 있는 남성 생계부양자 모델을 전면적으로 개편하는 방향으로 바뀌어야 한다. 서로 다른 남녀에 대한 동일한 처우가 불평등을 발생시킬 수 있지만, 그렇다고 여성을 특별히 배려하는 정책만 사용하면 그로 인해 또다시 고용주의 차별 유인이 발생할 수 있다. 여성만 사용 가능한 휴가가 불만이라면, 남성도 함께 당연한 권리로서 병가를 자유롭게 쓰도록 만들 수 있다. 남성 생계부양자 모델이 지배적인 국가에서는 남성이 주 생계부양자로서 장시간 노동에 종사하고, 여성은 전업주부로서 가사에 전념하거나 단시간 일자리에 불규칙하게 취업하게 된다. 그러면 아무리 정부의 가족 지원 정책이 튼튼하다 해도 남성은 가정생활을 포기한 채 일에 매여 살게 되며, 전일제 정규직 일자리를 원하는 여성은 임신과 양육, 더 나아가 결혼 자체를 기피할 수 있다. 돌봄과 공동체를 위한 활동보다 유급노동에 쓰이는 시간의 가치가 늘 필요 이상으로 과대평가되어온 현재의 지형을 바꾸기 위해서는 노동 시간 단축이 필수로 요구된다. 성별을 구분하지 않고 모두에게 적절한 노동 시간을 보장하는 주 4일제는 갈등을 줄이고 성평등을 촉진할 수 있는 여성 친화적이며 동시에 남성 친화적인 정책이 될 수 있다.

불공정한 경제구조와 조직 간 차별

제2차 세계대전 이후 자본주의의 황금기, 소품종 대량생산 방식에 의해 생산조직이 운영되던 시기에는 완전고용과 평생 고용의 관행이 자연스럽게 받아들여졌다. 노동운동에 대한 고용주의 거부감도 크지 않았는데, 노동조합에 의한 임금 인상이 구매력과 연동되면서 실질적으로 사측의 이익 실현에 도움이 되었기 때문이다. 이런 상황은 세계화가 신자유주의하에서 본격화되면서 서서히 와해되어갔다. 핵심 기술이 중요해진 다품종 소량생산 방식하에서 고기술 노동자에게만 높은 임금과 고용안정성이 주어졌고, 주변부 인력은 비정규직화·외주화, 혹은 해고되었다. 외견상 기술 변화와 경쟁 격화로 인한 불가피한 현상처럼 보이지만, 로널드 도어[31]는 경제뿐 아니라 문화적으로도 패자^{hegemon}적 지위에 있는 미국의 점증하는 불평등을 당연시하며 탐욕을 탐욕이라 부르는 것을 망설이는 '시장 개인주의'의 규범적 영향을 간과할 수 없다는 의구심을 내보였다. 시장 개인주의 아래서 사회안전망은 최소한으로만 용인된다. 즉, 복지는 일을 받아들이지 않는 수준으로 제공되어서는 안 되며, 강제로 일할 동기를 제공해야 한다. 국가 권력은 부패할지 모르나, 시장 경쟁은 공정하며 이 세계에 바람직한 질서를 부여한다는 것이다.

오랜 기간 평등을 추구해온 노동운동 내 연대감이 강력한 스웨덴 같은 국가도 이런 광풍을 피해갈 수 없었다. 물론 우리나라와는 다른 차원으로 진행되었다. 1980년대 말, 스칸디나비아항공^{SAS}은 12퍼센트의 임금 인상을 제안하면서 그중 1퍼센트는 노동조합이 지정한 노동자에게, 다른 1퍼센트는 경영진이 지정한 사람들에게 주겠다고 했다. 스웨덴 노조는 보통 여성이 다수인 가장 임금이 낮은 직군에 인상분을 더 많이 배분한다. 반면 경영진은 그 1퍼센트를 총 직원 800명 중 단 20명을 지정해서 지급했고 그들은 엄청난 임금 인상 혜택을 입었다. 2000년대 초반 스웨덴 노총^{LO} 사무실에서 나에게 이 이야기를 해준 하칸 씨는 자신은 당시 11퍼센트만 받고 경영진의 그 1퍼센트는 포기하자고 했지만 항공사 노조가 거절했다며 씁쓸하게 웃었다. 나중에는 그들 자신도 수혜자가 될 거라 생각했지만 결국 노동자 간 격차만 더 커지며 노동운동의 연대감은 심하게 훼손되었다. 스웨덴 사용자단체^{SN}는 이러한 임금 격차 확대를 매우 전략적으로 기획하여 추진했다.[32]

한국 경제의 이중 구조는 중화학공업화 이후 대기업 부문에 의존적인 형태로 발전되어온 탓도 크지만, 미국이 주도하면서 전 세계로 퍼져나간 경제의 금융화 추세의 영향도 간과할 수 없다. 미국의 법학자 에릭 포스너와 경제학자 글렌 와일이 최근 출간한 『래디컬

마켓*Radical Market*』[33]에서 설명하는 바와 같이, 한 산업에서 경쟁하는 기업의 주식을 공통으로 소유하는 기관 투자 규모가 커지면서 이들은 가격 경쟁을 통해 제품을 혁신하는 대신 ─ 그러면 어느 한 기업의 손실이 발생할 수 있으므로 ─ 공통적으로 가격을 올리고 설비와 기술 투자를 줄이며 노동자를 구조조정하라는 압력을 행사하게 되었다. 그러므로 기업들이 투자와 혁신 대신 긴축과 비용 절감을 강조하게 된 시기와 기관 투자자들이 부상한 시기가 일치하는 것은 결코 우연이 아니다. 기관 투자자, 투자은행, 기업의 고위 관리직이 배타적인 그들만의 금융 체제를 유지하는 동안 새로운 기술을 개발 중인 중소기업, 청정에너지와 환경보호 관련 사업, 사회기반사업 등은 구조적인 저투자를 경험하게 된다. 금융위기로 국제금융기구[IMF]의 규제를 받는 과정에서 발생한 모방 효과로 인해 한국의 금융 체제 역시 이러한 문제로부터 자유롭지 못하다.

차별은 조직 내에서만 발생하지 않는다. 조직 간의 불평등한 구조에 의해서도 발생할 수 있다. 우리나라에서는 1990년대 말 외환 위기 이후 비정규직이 증가하자 2007년 2년 이상 근무한 비정규직은 정규직으로 전환하는 것을 요구하는 비정규직 보호법(기간제 및 단시간 근로자 보호 등에 관한 법률과 파견법)이 제정되었다. 이 법으로 인해 정규직과 유사한 업무에 종사하는 일부 기간제 비정규직이 감소한 성과는 있었으나, 좀더 취약한 위치에 있었던 비정규직은 외주화와 정리해고의 위협에 더 심하게 노출되었다. 이를테면 비핵심 업무의 대표적인 사례로 여겨지는 청소는 현재 외주화가 당연시되어 거의 모든 조직에서 용역 업체를 이용하고 있다. 제조업의 경우에는 외형이 하도급 형식을 띠고 있지만 실질적인 불법 파견으로 간주될 만한 사내 하청이 만연했다. 사내 하청 노동자는 정규직과 거의 동일한 노동에 종사한다 해도 차별적인 저임금과 노동 조건을 감수해야 한다. 조직된 노동자가 10퍼센트 남짓에 불과할 뿐 아니라, 이들이 대부분 기업별로 조직되어 단체교섭 구조가 파편화된 현실도 이러한 조직 간 차별로 인한 갈등의 발현 자체를 막고 시정할 수 있는 결사체 차원의 한계를 노정했다.

따라서 용역이나 하청 등 간접고용 노동자들은 차별을 시정하려 할 때마다 거대한 장벽에 맞닥뜨려야 했다. 심지어 문재인 대통령이 제1호 정책으로 비정규직의 정규직 전환을 추진했을 때도 관료제를 거치며 만신창이가 되어 현실의 공고한 틀에 다시 끼워맞춰졌다. 수많은 전환 예외 사유로 인해 공공 부문에서 정규직화되어야 하는 인원은 최소한으로 산정되었으며, 실제 정규직화를 실시하는 과정에서는 정규직 노동조합의 반대에 부딪혔다. 사측이 이를 정규직화 반대의 사유로 유용하게 활용했음은 물론이다. 노동이 가질 수 있는 몫을 협소하게, 더 협소하게 줄이며 네가 죽지 않으면 내가 살 수 없는 경쟁을 유도한 신자유주의 광풍이 반세기 가까이 휘몰아친 탓이다. 정규직화가 아니라, 그저 얼마 안 되는 임금 인상을 요구했을 때조차 대학의 청소노동자는 학생들에 의해 정신적 손해배상 등을 사유로 소송을 당해야 했으며, 제조업체의 사내 하청 노동자는 필수적인 파업마다 사측의 손해배상 소송을 감내해야 했다.

노동시장에서의 수요와 공급은 상품시장과 같은 논리로 작동하지 않는다. 상품으로서의 노동은 그 판매자의 사회적 삶과 분리될 수 없으므로 가격, 즉 임금이 하락할 때 더 심한 경쟁이 유발되며 이러한 비대칭성하에서 '자유'로운 고용계약이란 형식상 존재할 뿐 실재하지 않는다. 불법 여부의 판정에서 노동법이 하청 노동자의 실질적인 임금 결정 능력을 가진 원청업체에 공동 사용자 책임을 부여하지 않아 정상적인 노동권 행사가 제약되는 현실은 전혀 고려되지 않았다. 최저임금을 조금 넘는 수준의 보수를 받는 용역 혹은 하청 노동자에게 수십억, 수백억 원의 손해배상은 사법 정의의 실현이 아니라 노동자를 자살로 몰아가는, 노조 죽이기의 또 다른 방법일 뿐이다. 좋은 인디언은 죽은 인디언뿐인 것처럼, 좋은 노조는 죽은 노조뿐이라는 영미권 국가의 노조 혐오는 노사관계의 사법화를 불러왔다. 노조 활동에 대한 손배소의 남용은 가장 기본적인 노사 자치의 원칙을 무시하는 사법화로서, 이미 구조적으로 우위에 있는 단체교섭의 당사자, 즉 사용자에게 법을 사적으로 유용할 기회까지 제공할 수 있다.

최근에는 플랫폼 경제의 확산과 함께, 단순히 정규직, 비정규직을 넘어서는 '모호한 고용 형태'하의 임금 및 비임금 노동자가 나타나고 있다.[34] 디지털 플랫폼의 발전은 경제의 이중 구조가 한 국가의 차원을 넘어 전 세계적으로, 또 더 극단적인 형태로 전개될 우려를 낳고 있다. 규제되지 않은 채 국경을 넘어 사업하는 거대 플랫폼 금융자본과 영세 플랫폼 하청사가 공정한 경쟁을 할 수 없다는 것은 당연하다. 영세업체의 노동자는 과당경쟁으로 인한 수수료 인하와 노동 강도 강화의 최대 피해자다. 코로나19를 거치며 플랫폼 노동은 이제 우리 생활 깊숙이 파고들었다. '똥콜'과 '꿀콜'로 분리되는 호출형 플랫폼 노동을 넘어 가사 서비스를 받거나 영상과 웹툰을 볼 때도 플랫폼 노동이 사용된다. 소비자로서 누릴 수 있는 편리함이나 추가 수입을 올릴 수 있는 경제활동으로서의 이점이 강조되는 사이 이 노동이 출혈적 경쟁과 알고리즘에 의한 비인간적 통제, 그리고 대기 시간을 포함한 무한 노동 시간을 유발할 수 있다는 사실은 충분히 부각되지 못하고 있다.

현재 독립 사업자로 간주되는 플랫폼 노동자의 노동자성 인정만으로는 문제 해결이 어려울 수 있다. 플랫폼 노동을 연구 중인 나의 대학원생은 노동자성의 인정이 그나마 유지할 수 있었던 최소한도의 자율성을 무력화시키고 종속성을 강화해 오히려 위험과 노동 강도를 높일 수도 있다는 의견을 제시했다. 플랫폼 배달 노동자의 높은 소득이 간혹 보도되기도 하지만 모든 비용을 제거한 순소득은 그에 현저히 못 미치는 것이 현실이다. 조사 중 여러 플랫폼 배달 앱 노동자를 만나본 그녀의 말이 잊히지 않는다. "정말 돈을 좀 많이 버는 분이긴 한데, 아침마다 아이들한테 이렇게 이야기한대요. 아빠가 언제든 죽을 수 있으니 잘 대비하고 있으라고." 적어도 매일 죽을 가능성을 염려해야 하는 일자리라면 선택 안 할 자유가 주어져야 하지 않을까.

해외에서는 거대 자본의 투자로 성장하면서 노동권의 심각한 침해를 유발하고 있는 글로벌 공유 플랫폼에 대한 대응의 하나로 플랫폼 협동조합이 등장하고 있으며, 우리나라에서도 점차 사례가 축적되고 있다. 플랫폼 협동조합주의의 개념을 마련한 트레버 숄츠[35]의 원칙 중 작업장에서의 공동 결정, 경영진의 자의적 결정으로부터의 보호, 과도한 작업장 감시 체제의 제거, 로그오프할 권리, 적절한 임금과 소득 보장, 보호법제의 확립 등은 현재의 플랫폼 기업에서도 도입할 여지가 있는 방안들이라 여겨진다. 경제의 이중 구조로 인한 조직 내, 그리고 조직 간 차별의 완화를 위해, 우리가 생산을 구성하고 운용하는 체제 전반에 대한 성찰을 시작해야 할 때다.

제3장

국가 구조의 편향성과
권력의 대리인들

국가란 제2장에서 살펴본 가족, 학교, 공장 등 하위 조직 단위 모두를 통치하는 가장 상위의 단위다. 이 통치의 개별 단위마다 내부 정치가 있고 불평등하게 분배된 권력이 작동한다. 국가를 상징하지만, 그렇다고 국가 자체는 결코 될 수 없는 대통령의 통치력은 민주적 권력 분립의 원칙 때문에 크게 제한된다. 그렇다면 조직의 차별적 관행을 시정하기 위한 국가의 역할은 언제 기대할 수 있는 것일까? 아니, 국가가 오히려 이런 차별을 온존시킬 수도 있는 것일까?

국가란 무엇인가

국가에 대한 이론은 크게 사회중심적 국가론과 국가중심적 국가론으로 나누어 살펴볼 수 있다. 사회중심적 국가론에는 다원주의와 계급론이라는 상반된 이론적 전망이 모두 속해 있다. 이 둘은 국가를 사회 세력으로부터 파생되는 부차적인 존재로 파악한다는 공통점을 지닌다. 정치적 다원주의 아래의 국가는 여러 이해집단의 조직된 이해로부터 영향을 받는 또 다른 조직일 뿐으로, 최소한의 역할만 수행하도록 기대된다. 다원주의적 관점은 평등을 보장하기 위해 성, 인종, 성적 지향, 종교 등으로 인한 배제나 과소대표의 이유를 밝히고 가장 기본적인 자원 분배상의 공정함만 추구하려는 입장을 고수하는데, 그러면 시스템 자체에 내재한 차별과 불평등의 원인은 고칠 수 없게 된다. 국가는 조직된 사회적 이해관계를 정책으로 담아내는 역할만 하지는 않는다. 이 관점은 특정 집단의 이해가 조직되는 방식 자체가 정치적 의사결정 구조에 의해 영향을 받는다는 사실을 간과한다는 점에서 한계를 가지고 있다.[1]

계급론적 관점에서 국가는 지배계급의 이해를 충실히 반영하고 이행하는 기구다. 카를 마르크스가 『공산당 선언』에서 "근대 국가는 전체 자본가 집단의 일상적 업무를 관리하는 위원회에 불과하다"[2]라고 한 말이 이러한 도구주의적 국가론을 대변한다. 도구주의적 국가론에서의 국가는 지배계급의 도구일 뿐이므로 국가라는 이 지배 기구를 다른 사람들이 장악한다면 다른 목적을 위해서도 사용할 수 있게 된다. 같은 계급론적 관점을 택하지만, 구조주의적 국가론자는 이러한 논리가 지나치게 단순하다고 비판하면서 자본주의 국가는 단순히 어떤 세력의 도구가 아니라, 전체 자본가계급을 위해 활동할 수 있는 상대적 자율성을 갖고 있다는 데 주목한다. 즉, 조직화하려는 노동자계급은 개별화하고 분열시키는 동시에, 상충하는 이해로 분열되어 있는 자본가계급 전체를 위한 이해를 대변할 수 있는 고도의 활동을 한다는 것이다. 클라우스 오페는 여기서 더 나아가 국가의 계급적 성격은 국가기구 및 그 형태 자체에 내재해 있다고 주장한다. 즉, 협소하고 단기적이며 혼란스러운 다원주의적 정치하에서 장기적인 자본가계급의 이해를 추출하는 한편, 반자본주의적 이해 자체가 자본의 이해를 위협하는 것을 제거하는 추가적인 부적(-) 선택성 역시 장착하고 있다는 것이다. 자본 자체의 비합리적 허위의식과 반자본주의적 의식 모두로부터 자본을 보호하는 기제가 있다는 것을 의미한다. 이런 과정을 통해 국가는 이런 활동이 단지 자본가계급뿐만이 아니라, 사회 전체를 위한 활동으로 여겨지게 만든다. 계급론적 관점 안에서 정치의 역할을 주목하는 정치적 계급갈등 이론가들은 이 같은 결정론적인 입장에서 조금 벗어나, 국가 내에서 주로 의회 권력을 둘러싸고 계급 간 권력 투쟁이 일어날 수 있으며, 따라서 국가는 근본적으로 계급 투쟁의 결과로 형성된다고 보고 있다.[3]

계급론적 국가론이 주로 국가의 상대적 자율성만을 인정하는데 반해, 국가중심적 관점은 사회나 계급으로부터 독립된 국가의 완전한 자율성이 가능하다고 본다. 이들에 따르면, 국가는 독자적인 제도적 실체를 가지고 시민사회에 독립적인 영향력을 미칠 수 있는 기구다. 국가를 "질서 유지를 위해 물리력을 사용할 수 있는 권력을 정당하게 독점하는 기구"로 본 막스 베버가 이런 관점을 대표하는 학자다.[4] 국가는 불가피한 추세인 보편적인 관료화 과정을 통해 만들어졌으며, 이를 통치하는 것은 계급이 아닌 엘리트다. 관료제는 형식화를 통해 위계 구조를 객관화하는 것, 일정한 역할이 기대되는 자리를 만들고 그 자리 간의 관계를 분명히 하는 것을 의미한다. 자리가 사람을 만든다는 말은 여기서 유래한다. 경직되고 무기력한, 그저 그런 인물이 리더가 되어도 상관없다. 하급자나 통치를 받는 사람보다 더 뛰어날 필요도 없다. 더 못해도 상관없다. 그러나 동시에, 이런 위계 아래서 복종은 목적을 달성하는 수단이 아니라 그 자체가 목적이 되기도 하며, 공식적인 목적은 어디론가 사라지고 개인의 이해추구와 조직의 존속 자체가 주된 목적으로 돌변하기도 한다. 힘이 소수의 권력자에게 집중되면서 구성원은 움직이는 기계의 톱니바퀴로 전락하고, 결국 인간성을 철창iron cage 안에 가두는 결과도 초래된다.[5] 그래서 관료제를 이론화한 막스 베버는 이 제도가 대중 민주주의와 갈등을 일으킬 것을 우려했다. 민주주의는 선거와 소환 등을 통해 관료의 임기를 단축하려는 관성이 있다. 대중은 정치인을 선택할 수 있는 만큼 그를 몰아낼 수도 있다. 이런 갈등은 관료의 정치력 부족으로 더욱 악화된다. 관료제의 한계를 아는 베버는 그의 조국인 독일이 세련된 정치를 하지 못할까봐 우려하며 관료제의 최고 지위는 유능한 전문 정치인에 의해 채워져야 한다고 주장했다.[6]

이러한 국가중심적 이론이 등장하게 된 배경에는 제2차 세계대전 직후 식민 세력으로부터 독립한 개발도상국들과 서구와는 다른 국가 모델을 만들어낸 국가들이 있다. 엘런 케이 트림버거는 다수의 비서구 국가에서 군인을 포함한 자율적 관료들이 종종 무력을 사용해 국가 권력을 획득하고 재구조화해서 '위로부터의 혁명'을 이 끌어내는 과정을 상세히 묘사한 바 있다. 그녀가 묘사한 국가는 사회 세력이나 지배계급에 의해 만들어진 국가가 아니라 시민사회 내부의 중요한 관계를 구조화할 수 있고, 심지어 귀족이나 토지소유계급 등 지배계급을 해체할 수도 있는 그런 국가다. 트림버거는 관료적인 국가기구가 자율성을 갖기 위해서는 국가 관리자들이 지배적인 토지, 상업, 산업 계급부터 충원되지 않아야 하며, 고위직에 오른 후엔 이러한 계급들과 친밀한 사적, 경제적 교분을 맺지 않아야 한다고 주장한다.[7]

국가중심적 국가론을 완성하는 데 크게 기여한 시다 스코치폴은 국가가 목적을 가진 독립적인 주체일 뿐만 아니라, 국가의 조직 형태와 행위 전반이 정치 문화에 영향을 미치고 특정 집단의 정치적 행위를 촉발하며 특정한 정치적 문제 제기를 하게 만드는 존재임을 강조했다. 이런 맥락에서 개념적 변수로서의 국가를 이론화한 J. P. 네틀은 역사적 경로에 따라 '국가성stateness'을 구성하는 제도적·문화적 차원이 국가마다 다를 수 있음을 보여줬다. 즉, 통치권의 핵심이 유럽 내륙 국가들은 중앙집중화된 행정 기구에, 영국은 의회 내 정당에, 미국은 법과 헌법에 있다고 종종 여겨진다는 것이다. 이처럼 서로 다른 국가성을 가진 국가는 사회로부터 영향을 받는 것 이상으로 사회를 구성하는 다양한 조직과 집단의 정치적 역량 및 욕구의 형성에 영향을 미친다. 국가중심적 이론은 또한 영토를 지배하는 조직으로서의 국가가 역사적으로 변동하는 초국가적 맥락으로부터도 자유로울 수 없음을 강조한다. 국가는 언제나 정치·경제적으로 긴밀히 연결된 국가 간 체제의 일부로 존재해왔다는 것이다.[8]

국가에 대한 사회중심적 이론, 특히 계급론적 이론과 국가중심적 이론이 명백하게 서로 대립한다는 점은 부정하기 힘들다. 계급론적 관점에서의 국가는 계급에 의해 영향받지만, 국가중심적 관점에서는 행위자로서의 자율성을 가진 국가의 역할이 훨씬 더 부각된다. 그러나 이 차이는 이 두 관점이 서로 다른 추상 수준에서 작동하고 있다는 점을 고려한다면 과장되었을 수도 있다. 계급론적 관점이 훨씬 더 긴 호흡을 가지고 자본주의 생산 체제하에서의 계급갈등과 그로 인해 주조되는 국가의 모습을 그려내는 데 더 큰 관심을 갖는다면, 국가중심적 이론은 역사의 특정 국면에서 발현되는 국가 자체의 역동성에 더 천착해왔다. 특히 계급론적 관점 중 정치적 계급갈등 이론과 국가중심적 이론은 서로가 비판하는 것만큼 다르지 않을 수 있다. 국가 연구가 계급이나 집단에 대한 연구로 환원되어서는 안 되겠지만, 그렇다고 국가중심적 논의를 주요 계급이나 집단에 대한 설명 없이 완성할 수는 없기 때문이다. 즉, 이 두 관점 모두 국가가 차별하는 구조에 개입하지 않거나 개입하는 방식과 이유에 대한 고찰을 가능케 한다.

국가가 차별하는 구조에 개입하는 경우

국가가 시민운동 세력의 강력한 요구와 투쟁 없이 차별하는 구조에 직접 개입하는 경우는 극히 드물다. 왜냐하면 고위 국가 관리자의 인적 특성이 통상 기득권을 가진 사회의 다수자 집단을 반영하고 있고, 기존 관행을 지속하는 관성으로 위험을 최소화하고자 마련된 경직된 관료제 구조 등, 이 모두가 국가가 차별하는 구조에 개입할 가능성을 낮추기 때문이다. 한국은 고위 국가 관료의 절대다수가 남성이다. 가부장적인 제도와 관행의 온존과 함께, 성평등한 국가 정책이 제대로 시행되기 어려운 인적 구성이라고 할 수 있다. 그런 이유로 보수 정부보다 더 많은 성평등 정책을 펼쳐온 문재인 정부에서도 일정한 한계가 노정되었다. 대통령 직속 성평등위원회의 설치를 중도에 포기해 국정 과제에서 밝힌 강력한 정책 추진 체계가 마련되지 못한 점이 그것이다. 여성 정책은 여성에 특화된 정책 추진에 머물러서는 효과를 얻기 어렵다. 서로 다른 상황에 놓인 여성과 남성을 무조건 동등하게 처우할 때 노동시장에서 불평등한 격차가 발생하는 것은 사실이지만, 더 어려운 상황의 여성에 대한 특별 처우 역시 여성의 다름을 강조하며 차별을 영속시킬 수 있다. 성별과 무관하게 모든 시민이 일과 돌봄을 병행할 수 있는 근본적인 구조 전환의 노력 없이는 성평등 정책의 실현이 지체될 수밖에 없다.

이런 상태에서는 비록 외견상 여성 친화적 정책일지라도, 실상은 그렇지 않은 경우도 존재한다. 예를 들어 현재 여성 할당제로 알려진 제도는 양성평등채용목표제이며 여성에게만 혜택을 주는 제도가 아니다. 교대에서도 남학생을 위해 어느 한 성이 75퍼센트를 초과할 수 없는 선발제도를 운영해왔다. 군 가산점제와 여성 할당제에 대한 이중적 잣대도 이러한 현실을 반영한다. 이 두 제도 모두 과거의 희생이나 차별로 인한 피해를 보상하려는 원칙을 가진다. 따라서 군 가산점제를 주장하며 여성 할당제에 반대하는 것은 모순이다. 미국의 사례는 이러한 이중 잣대가 유지될 수 없다는 점을 보여준다. 제대군인에 대한 혜택은 흑인의 시민권 투쟁을 계기로 소수자 집단에게 할당제와 같은 적극적 조치를 도입하는 추동력이 되었다. 단, 미국의 군 가산점은 군대만 가면 주었던 것이 아니라 연방의회가 인정하는 전쟁에 현역으로 참여하는 등 엄격한 요건하에 부과되었다.[9] 차별적 분리 채용으로 여성이 과다대표된 일자리의 만성적 저임금과 고용 불안에는 무관심한 채, 적극적 조치와 관련된 제도가 내각 수준에서만 보여주기식으로 시행되면 마치 성차별이 해소된 양 착시 효과를 낼 수 있다.

여성 징병제는 어떠한가. 애초에 신체적 능력을 거론하며 여성을 징집하지 않은 것은 가부장적인 국가였다. 수십 년 전 미국 상원 군사위원회가 여성 징집 배제의 사유로 제시한 이유는 더 노골적이다. 엄마가 전투에 나가 싸우는 동안 아빠가 가사를 돌보는 것이 통상적인 가정생활에 큰 충격을 주기 때문에 받아들일 수 없다는 것이었다.[10] 남성의 병역 의무에 준하는 사례로 여성의 가사노동이 자주 언급되는 데에는 이유가 있다. 통계청이 밝힌 2019년 맞벌이 부부의 일평균 가사노동 시간은 여성이 187분, 남성이 54분이었다.[11] 이 부부가 20년만 함께 살아도 남성이 군대에서 지낸 시간보다 여성이 온전히 가사노동에 투입한 시간이 훨씬 더 길어진다. 그러나 이 두 유사한 희생은 조직에서 전혀 다르게 평가되며 다르게 보상받는다. 군필 남성의 높은 임금 프리미엄을 고려할 때 여성의 병역 참여는 성별 임금 격차 최상위권 국가의 오명을 벗어나기 위해서라도 향후 긍정적으로 검토될 필요가 있다. 단, 가사노동에 대한 성 평등한 분담이 어느 정도 이루어진 후에 진행되어야 여성에게 이중의 피해를 주지 않게 된다.

그렇다면 미국은 어떻게 국가가 차별하는 구조에 깊이 개입해 우리보다 진일보한 적극적 조치를 취하게 되었을까? 1960년대 미국에서 흑인 차별에 반대하는 시위가 감당할 수 없을 정도로 확산됐을 때, 존슨 정부는 「커너 보고서Kerner Report」를 통해 기회가 평등하더라도 과거에 차별받았던 흑인들이 이런 한계를 극복하고 취업하는 데 어려움이 있다는 사실을 발견했다. 의도된 차별에 대한 규제만으로는 이런 상황을 극복할 수 없다고 판단한 당시 정부는 인종차별주의로 인해 지속되고 있는 구조적·제도적 차별을 적극적 조치의 도입을 통해 시정하고자 했다. 이 제도의 확산과 정착에 가장 큰 힘을 실어준 법정 소송은 앞서 살펴본 그리그스 대 듀크전력회사 간 소송이었다. 간접차별은 소수자 집단이 얼마나 고용됐는가를 살펴보고, 그들이 다수자 집단보다 덜 고용된다는 증거, 예를 들어 특정한 비율 이하의 소수자 집단이 고용됐다는 증거가 있으면 차별이 있다고 판정하는 것을 의미한다. 만약 사용자가 소수자 집단을 적게 고용할 타당한 이유가 있었다고 판단되면 괜찮았지만 이런 승인을 받는 경우는 드물어 회사들은 번거로운 평등고용기회위원회Equal

Employment Opportunity Commission의 수사를 피하고 법정에서 질 위험에 대비해 인종적으로 할당된 인원수를 자발적으로 채웠다. 그런 점에서, 적극적 조치는 행정적으로 매우 효율적이었으며, 더불어 불필요한 분쟁을 줄이는 역할도 했다. 차별이 이제 특정 소수자 집단을 과소고용하고 있으니 더 고용하라는 기술적인 차원의 문제로 치환된 것이다.[12]

그러나 흑인 시위와 폭동만으로 미국이 인종차별 시정을 위해 적극적인 개입을 하게 된 것은 아니다. 1960년대 당시 국제관계 속의 미국의 국익 계산도 이 제도의 도입에 영향을 미쳤다. 전 세계적으로 인권에 대한 관심이 높아지던 시기, 소련과의 체제 경쟁 속에서 '세계의 리더' 역할을 하기 위해서는 식민 세력으로부터 독립한 제3세계 아프리카 신생 국가들에게 미국이 흑인 노예제를 실시했던 과거를 시정할 만큼 도덕적이며 진보적이라는 사실을 증명해내야 했기 때문이다. 당시 도심에서 벌어지고 있던 흑인 시민들의 시위로 인한 혼란은 미국으로서는 드러내고 싶지 않은 치부였고, 존슨 대통령은 새로운 정책들을 통해 사회 안정을 추구하지 않을 수 없었다.[13] 미국에서 흑인 폭동은 1960년대에만 발생한 것이 아니다. 1991년, 미국 로스앤젤레스의 흑인 시민 로드니 킹은 과속운전 후 백인 경찰에게 무자비하게 폭행당했는데, 이로 인해 기소된 백인 경찰에게 무죄 판결을 내리자 1992년 이 지역 역사상 최대의 무장 폭동이 일어났고, 수많은 사상자를 냈다. 이 폭동은 캘리포니아주 방위군에 의해 강압적으로 진압되었고, 1960년대 미국과는 달리 1990년대 미국에서는 지속적으로 차별받는 흑인들의 상황을 개선하기 위한 어떤 조치도 취해지지 않았다. 냉전은 끝났고, 미국의 지위가 공고화되었기 때문이다.

미국의 적극적 조치 도입 과정에서 드러난 사회적 담론을 분석한 존 스크렌트니는 이 제도와 관련된 가장 큰 아이러니로 공화당 대통령 리처드 닉슨의 주도 아래 실시되었다는 점을 든다. 닉슨 대통령은 민주당이 추진하는 시민권 보장보다 더 나아간 정책으로 흑인에게 다가갔는데, 연방 차원의 적극적 조치 정책인 필라델피아 플랜Philadelphia Plan을 개정해 정부와 계약하는 건설 기업들에게 일정한 비율의 소수 인종을 고용하도록 한 것이 그것이다. 닉슨 대통령과 공화당이 필라델피아 플랜을 수행하려는 이유가 소수 인종을 위해서라기보다는 건설업에서 큰 주도권을 쥐고 있던 노동조합과 대립하려던 것이라는 의견이 있다. 실제로 닉슨 정부 초기 섬유산업이 차별적 고용을 하는 것에 대해선 관대한 태도를 보였지만 노동조합이 관여되어 있는 건설업에는 과한 개입을 했다는 것이다. 이에 대해『뉴욕 타임스』는 이 플랜을 밀어붙인 이유가 평소에는 서로 협력하는 사이인 노동조합과 흑인 시민권 운동가들을 대치시키기 위한 것으로, 이들의 불화는 그에게 정치적 이득이 되었다는 내용의 기사를 쓴 적이 있다. 스크렌트니는 이것을 '이슈 선점의 정치'라고 표현했다. 미국이 도시의 폭동을 잠재우고 세계 리더의 위치를 유지하기 위해, 그리고 닉슨 대통령이 진보 세력을 교란하기 위해 실시한 적극적 조치는 결국 1990년대 이후 신자유주의가 자리잡은 미국에서도 쇠퇴해갔다. 미국인들은 할당제 형식의 적극적 조치뿐만 아니라

특정 인종을 선호하며 좀더 유연하게 특혜를 주는 방식의 적극적 조치도 비판하기 시작한 것이다.[14]

권위주의 국가의 유산

그렇다면 우리는 과연 어떤 국가의 형성상의 특성으로 인해 차별하는 구조에 개입하지 못해온 것일까?

서구는 공화정으로 가는 길목에서 왕을 처형시킨 경험이 있다. 영국의 국왕 찰스 1세는 세계 최초의 시민혁명인 청교도혁명으로 1649년 의회파 지도자 크롬웰에게 참수당했다. 전쟁을 위한 세금을 징수하기 위해 의회와 갈등하다 의회를 해산시켜버린 탓이었다. 프랑스의 루이 16세 역시 미국의 독립전쟁을 지원하다 파산할 위기에서 제3신분이 주도한 혁명으로 공화정이 선포된 1792년의 이듬해 초 단두대에서 처형당했다. 그가 중도파의 의견을 받아들여 프랑스가 입헌군주국이 되는 데 동의했다는 것도 왕정을 공식적으로 끝내고자 하는 혁명 세력의 마음을 바꾸지는 못했다. 크롬웰이나 로베스피에르 등이 왕정 못지않은 독재를 펼치고 결국 왕정복고가 이루어졌다 해도 이러한 혁명이 궁극적으로 의회의 힘을 강화해 국민주권의 기틀을 세우는 데 결정적인 역할을 했다는 사실은 변하지 않는다.

한국 사회는 시민혁명의 경험 없이 독립운동을 통해 간접적으로 국민주권을 확보했다. 해방 이후 식민지 통치의 청산과 민족 독립국가 수립을 요구하는 민중운동은 분단과 한국전쟁으로 급격히 중단되었고, 연이은 권위주의 정권이 수립된 끝에 1980년대 말까지 끊이지 않는 반독재 투쟁이 이어졌다. 그러한 투쟁의 결과로 1987년 6·29 선언과 더불어 권위주의 체제가 종결되고 제대로 된 민주공화국이 시작된 것은 사실이다. 그러나 그것은 불완전한 민주주의였다. 당시 『뉴욕 타임스』가 비꼰 것처럼 "한국은 그 수많은 저항과 개헌 없이도 어차피 대통령이 되었을 사람을 힘들게 선거를 통해 뽑았다".[15] 그 성과는 넥타이부대로 일컬어지는 중산층의 참여와 연대로 가능한 것이었으나 독재 시기 경제성장의 큰 수혜자인 그들은 더 근본적인 개혁에 대한 지지를 일찍이 거두어들였다. 또한 1990년대 말 외환위기의 혼란 속에서 이루어진 독재 정권에 대한 섣부른 사면으로 어두운 과거와의 완전한 단절은 불가능해졌다. 이 잘못된 특별 사면은 연성 권위주의 딕터블란다^{dictablanda}와 구분하기 어려운 불완전한 민주주의 데모크라듀라^{democradura}의 치명적인 한계였다. 그 탓에 우리는 최근까지도 횡령과 뇌물 수수, 언론 탄압, 국정 농단 등 민주공화국의 의미를 크게 퇴색시킨 제왕적 대통령들을 배출한 바 있다.

또한 자본주의 경제와 결합된 민주주의는 독재의 유산 없이도 일정한 한계를 지닌다. 이윤 없이는 투자도 없고, 투자가 되지 않는다면 생산, 고용, 세금 모두 없어지는 구조적 종속성으로 인해 노동자는 가장 기본적인 최소한도의 물질적 필요를 충족시킬 기반을 잃을 수도 있기 때문이다. 이것이 자본주의 경제에서 기업의 이해는 일반적·보편적 이해로 보이고 노동자의 이해는 부분적인 특수 이익으로 비치는 이유다. 이에 더해, 집합적인 정치 행동은 어떤 형태든 자원을 필요로 하는데, 시간, 정보, 돈 등 모든 자원의 획득과 관련해 자본가가 노동자보다 우위에 있다. 노동자뿐 아니라 사회적 약자도 시간과 자원의 부족으로 사회적 불평등의 시정을 위한 정치적 행위에 적극적으로 참여하기 어려운 것은 마찬가지다. 경제적으로 가장 취약한 위치에 있는 최하층에서 오히려 감세와 탈규제 등 최상층의 이익을 수호하는 보수 정당을 지지하는 현상도 여기서 기인하는 바가 크다. 우리는 독재정치의 유산이었던 지역갈등은 물론, 지역갈등이 일부 완화되는 현상과 더불어 추가된 세대와 성별에 이르기까지 유구한 갈라치기의 역사로 인해 서구와 같은 계급정당이 성장하기 어려웠다.

노동운동이 계급정당 운동으로 발전하지 못한 채 맞이한 민주주의로의 전환 과정에서 주목받았던 것은 진보적인 중간층이었다. 에릭 올린 라이트는 개인이 한 계급에만 속한다는 가정을 타파하고, 중간계급을 한 계급 이상에 속할 수 있는 모순적 계급 위치에 있는 집단으로 상정했다. 예를 들어 관리자는 자본가와 노동자의 지위를 모두 포괄하는 입장에 있다는 것이다. 이후 라이트는 이 논의를 다중착취 이론으로 발전시켰는데, 이러한 분석틀 아래서 중간계급은 한 착취의 기제를 통해서는 착취자이지만, 다른 착취의 기제를 통해서는 착취당하는 사람이 된다. 즉, 중간계급 중 관리자는 조직재와 기술재를 가지고 착취하는 입장에 있을 수 있으나 자본재와 관련해서는 착취당하는 사람이다. 이 이론은 자본주의 아래서 계급 형성과 관련해 특별한 함의를 가진다. 한 국가의 정치적, 이데올로기적

68

요인에 따라 많은 중간계급 지위가 노동자계급이나 자본가계급과의 연합에 합류할 수 있는 것이다.[16] 이런 라이트의 분석틀에 기반해 1990년대 초 민주주의로의 전환 직후 한국 사회의 계급 분석을 살펴본 나의 연구는 중간계급 중 관리자는 친자본가적인 한편, 반半 자율적 전문가 집단(자본주의적 생산에 직접 연관되지 않는 의사 등 보건의료 관련 전문 인력, 교수, 연구자, 법조인, 기자, 성직자, 운동선수, 예술가 등)의 경우 핵심 노동자와 더 가까운 의식을 보여주는 등, 중간계급 내부의 차이 역시 상당히 의미 있다는 점을 밝힌 바 있다. 그러나 이러한 차이의 의미는 신중하게 해석되어야 한다. 중간계급 내 관리자의 비중이 전문가보다 압도적으로 높은 만큼, 중간계급 전체가 노동계급과 연대할 가능성은 적다. 전반적으로 한국 사회 중간계급과 노동계급 모두 계급의식은 낮은 편이었으며, 지역·연령 등의 비계급적 변수가 계급의식의 분산을 설명하는 데 상당한 영향력을 지니고 있었다.[17]

이런 정치적 맥락에서, 민주주의로의 전환 이후에는 기득권 세력이 독재국가의 총칼을 통해 지켜졌을 때보다 절차적 정당성이라는 외피를 통해 더욱 공고해졌다. 보수 언론과 재벌, 저명한 법조계 인사, 그에 부역하는 정치가와 학자, 공무원에 이르는 광범위한 기득권 카르텔이 '그들만의 리그'를 운영하는 동안 차별과 불평등의 해소를 위한 국가의 역할은 정체되었다. 우리 사회는 부의 소유가 권력의 소유를 결정해서는 안 된다는 마이클 월저의 복합적 다원주의의 사회와는 거리가 멀었다. 하나의 가치가 다른 가치로 전환되지 않기 위해서는 각각의 가치 영역에 부합하는 일관된 제도의 기획과 사회적 실천이 요구된다. 그러나 제도와 실천은 예측 불가능한 역사적 구성물이다. 월저는 중첩적 지배를 방지할 수 있는 가능성에 대해 지나치게 낙관적이었다.[18]

국가는 어떤 권력을 대리하는가?

사회적 약자와 소수자를 보호하는 것은 국가의 가장 기본적인 책무다. 그러나 앞서 살펴본 여러 이유로, 그렇게 될 가능성은 낮다. 그렇다면 국가는 과연 어떤 권력을 대리하는가?

예를 들어 최저임금제도를 보자. 노동시장에서의 수요와 공급은 상품시장과 같은 논리로 작동하지 않는다. 상품으로서의 노동은 그 판매자의 사회적 삶과 분리될 수 없으므로 가격, 즉 임금이 하락할 때 더 심한 경쟁이 유발되며 이러한 비대칭성하에서 '자유'로운 고용계약이란 형식상 존재할 뿐 실재하지 않는다.[19] 따라서 국가는 제도를 통해 저임금 노동자의 출혈 경쟁을 제어해야 한다. 그런데도 문재인 정부가 최저임금을 올렸을 때 재계는 여러 보도자료를 통해 극렬하게 반대했으며, 정부도 이에 따라 목표했던 최저임금 인상을 포기했다. 재계는 우리의 최저임금이 OECD 국가 중 높다고 주장하지만, 최저임금 조사 대상 등의 차이로 국가 간 최저임금 비교는 무의미하다. 중위임금 대비 최저임금 수준이 높다고 여겨지는 이유는 우리가 최저임금 노동자가 많은 1인 이상 영세 업체를 모두 포함해 중위임금을 산정하기 때문이다. 유럽 대부분의 국가는 이 지표를 10인 이상 사업체의 중위임금을 기준으로 작성한다. 우리처럼 측정하면 최저임금이 중위임금처럼 높아지고 있는지 중위임금이 최저임금처럼 낮아지고 있는지 알 수 없지만, 점점 더 악화되는 임금 불평등에 비춰보면 후자일 개연성이 더 높다.

최저임금액의 절대 비교도 마찬가지다. 국가별 사회적 임금social wage에는 큰 격차가 있다. 저렴한 공공 주거시설을 갖추고 대학 교육비가 무상이며 의료비 부담이 거의 없는 풍부한 보편적 복지를 제공하는 국가의 최저임금과 그렇지 못한 우리의 최저임금을 비교하는 것이 무슨 의미인가. 게다가 대부분의 선진국에서 최저임금을 받는 노동인구는 미미하다. 우리는 노동자 다섯 중 한 명이 영향을 받는 나라이며 그들 중 상당수가 그 최저임금조차 제대로 못 받고 있다. 언론에서는 영세 자영업자를 위해 최저임금을 올려서는 안 된다고 하지만, 단지 그런 이유만으로 경제단체에서 그렇게 열심히 최저임금을 낮추기 위해 노력하지는 않을 것이다. 영세업자를 그렇게 걱정했다면 대기업이 동네 상권을 위협하는 문어발식 확장부터 자제했어야 했다. 또한 자영업 비중이 이토록 높아지도록 정년이 무색한 중장년의 이른 나이부터 노동자를 회사 밖으로 내몰지 말았어야 했다.

최저임금에 대한 재계의 지나치다 싶을 만큼 공격적 태도는 우리가 저임금에 의존해 발전해온 국가라는 방증이다. 저임금이 유일한 경쟁력인 어려운 중소기업이 여전히 많고 대기업은 그들과의 불공정한 원하청 거래로 큰 이득을 보고 있다. 저임금 체제가 유지되어야 더 많은 이윤을 얻을 수 있으므로 기득권 세력은 이 체제가 흔들리는 것을 원할 리 없다. 최저임금의 급격한 인상은 바로 이런 고질적인 경제의 깊은 이중 구조에 작은 균열을 내어 유의미한 변혁의 경로를 찾아볼 좋은 기회였다. 그러나 최저임금만 올랐을 뿐, 기업의 고용 유지 노력을 통한 과다한 자영업 규모 축소 방안, 하청 기업 최저임금 인상분에 대한 원청 기업의 책임을 명확히 할 수 있는 사회적 대화, 정규직 노동조합의 적극적인 임금 불평등 축소 노력, 최저임금 인상으로 인한 일부 자영업 구조조정에 대비한 튼튼한 사회 안전망의 마련, 이 모든 것이 부재했다. 그래서 더더욱 모든 준비를 하고 최저임금을 더 천천히 올렸어야 했다는 의견은 설득력이 떨어진다. 이는 최저임금을 올리지 않기 위한 변명에 불과하다. 최저임금이 올라 꼭 필요했어도 바뀌지 못했던 일들이다.

내 기업의 노동자는 임금이 낮을수록 좋은 노동자이지만 다른 기업의 노동자는 높을수록 좋은 소비자다. 임금이 지나치게 낮아도, 현재 건설업에서 보듯이, 내국인 노동자의 일자리가 잠식되는 역기능이 일어난다. 임금 비용이 높아지면 저임금이 아니라 임금 외 기술 개발 등을 통한 혁신에 매진하는 우량 기업들이 더 약진할 수 있다. 중소기업이 과도한 경제력 집중과 불공정 거래 관행 등 지불 능력을 저해하는 좀더 근본적인 문제를 지적하는 대신 최저임금을 묶어 노동자의 저임금에 기댄 운영을 지속하려는 한 우리는 계속 이렇게 극단적으로 양극화된 경제구조와 노동시장에서 벗어날 수 없을 것이다. 국가가 단기적인 기업의 이익을 보호하는 과정에서 장기적인 자본주의 발전의 선순환이 훼손되는 대표적인 사례라 볼 수 있다.

한국을 계속 일하다 죽는 나라로 남겨둔 것도 상당 부분 국가의 책임이다. 1970년대 미국의 자동차 회사 포드가 만든 핀토에는 결함이 있었다. 후방 충돌 시 연료탱크가 폭발해 인명 피해를 일으키는 치명적인 결함이었다. 포드사의 내부 보고서에 따르면 사고로 인한 사망자 1인당 인명의 가치는 20만 달러 정도로, 매년 180명 정도가 사망했으므로 문제를 해결하는 데 3600만 달러의 비용이 들 거라 예상되었다. 반면 도로 위에 있는 1250만 대의 자사 차를 회수하여 문제 되는 부분을 고치는 비용은 한 대당 11달러로 총비용이 1억 3700만 달러에 이르렀다. 포드사는 비용편익 분석 끝에 결함을 고치는 것보다 자사의 차를 타다 사망할 경우 배상하는 것이 더 합리적이라고 판단했다. 그래서 수리하지 않았다. 우리나라에서 산재가 이렇게 많이 발생하는 것도 비용편익 분석 끝에 기업이 나름의 합리적인 판단을 내렸기 때문이다. 노동자가 일하다 죽더라도 기업이 내야 하는 벌금이 안전 설비에 투자하는 것보다 싸니까 안전한 노동환경을 제공하는 대신 적발되었을 경우 손쉽게 미미한 벌금을 지불하는 방식을 선택하는 것이다.

포드사 핀토의 결함은 왜 생겼던 것일까? 1960년대 말 미국 자동차 회사는 소형자동차 시장에서 일본과 독일 제조사들로부터 위협받고 있었다. 1971년까지 시장에 출시하기 위해 포드는 핀토의 제작 기간을 통상적인 3년 반에서 2년으로 단축시켰고, 그 과정에서 이미 핀토 연료 탱크의 안전성에 문제가 있다는 것을 발견했지만 수정 없이 본래의 디자인대로 생산을 서둘렀다. 이윤 추구를 최우선시하면서 서두르기까지 하면 건물도 무너지고 다리도 끊긴다. 전 세계를 놀라게 한 압축적인 경제성장을 통해 무엇이든 빨리빨리 만들고 또 짓는 데 익숙한 한국 기업들의 운영 방식에는 노동자의 안전에 대한 고려가 들어올 아주 조그만 틈도 존재하지 않았다.

자본주의 사회에서 기업이 이윤을 추구하기 위해 매진하는 것이 당연하다면 국가가 국민을 보호하기 위해 최선을 다해야 하는 것도 당연하다. 포드사의 강력한 로비로 다년간 안전 기준을 엄격히 집행하지 않았던 미국도로교통안전국도 1976년 더 강화된 기준을 제시했고, 포드사도 1971년부터 1976년까지 생산된 모든 핀토를 리콜해야 했다. 또한 사상자와 그 가족들이 제기한 많은 소송에서 법원은 포드사에게 희생자에 대한 손해배상뿐 아니라 상당한 액수의 징벌적 손해배상금도 지불하도록 명령했다. 그런데 아직 우리는 미국과 같은 수준에도 이르지 못했다. 재계가 주장하는 것처럼 산재에 대한 우리의 처벌 수준은 이미 세계 최고인데도 우리가 세계 최고수준의 산재 사망자 보유국이라면 아마 사법부가 제대로 처벌하지 않았기 때문일 것이다. 기업 간 원하청 중층 구조로 인해 사고 예방과 안전의 책임을 가장 크게 져야 할 원청 대기업이 그 책임으로부터 원천 면제되기 때문일 것이다. 원청을 포함해, 사고의 책임을 져야 할 모든 기업의 입장에서 사고 예방이 사후 배상보다 더 합리적인 선택이 되도록 처벌의 실효성이 강화된 법이 만들어지면 해결될 문제다. 국가는 기업이 합리적일 뿐 아니라 윤리적인 선택을 하도록 규제해야 할 의무가 있다.

이런 맥락에서, 우리는 한국 사회에서 새롭게 정치 세력화하기 시작한 여성운동과 전통적인 사회운동인 노동운동이 얼마나 공통 분모를 찾아갈 수 있는가에 주목할 필요가 있다. 여성에 대한 차별과 노동에 대한 억압은 가부장제와 자본주의라는 독립적인 내적 동력과 기제를 가지고 있는 서로 다른 차원의 문제다. 그러나 이 두 운동 모두 보수의 분할 지배 정치 전략의 피해자인 동시에 폭발력 있는 진보의 담지자이며, 서로의 문제를 해결하기 위해 다른 운동의 협력을 필요로 한다. 자본주의는 성 중립적으로 보이지만, 극단적인 이윤의 추구로 인한 장시간 노동, 세수 부족, 돌봄 노동에 대한 무관심은 여성의 지위 향상을 구조적으로 제한한다. 여성을 노동시장에서 동등하게 활동하도록 하는 복지 서비스와 휴가제도는 노동운동과의 연대를 통해 더 용이하게 획득할 수 있다. 광범위한 중간계급의 존재로 인해, 노동운동은 숫자상 사회의 과반이 되기 어렵다. 사회의 절반을 차지하는 여성의 지지는 그 자체로 큰 자산이며, 저임금 비정규직 노동자의 대다수가 여성인 만큼 여성 차별은 노동운동의 과제이기도 하다. 또한 여성운동이 지향하는 성평등한 복지국가로의 새로운 패러다임은 노동 시간을 줄이고 좀더 인간적인 노동 환경을 만든다는 점에서 노동운동의 이해관계와도 일치한다.

따라서 차별금지법의 통과와 같은 실존적 인권 보호, 일하는 모든 사람을 위한 기본법을 포함한 기존 사회보장 체계 바깥의 국민에 대한 사회권 강화, 경제의 이중 구조와 부와 소득의 극단적 양극화 방지, 여성의 유리천장 깨뜨리기, 모든 조직에서 모든 종류의 폭력 근절, 장애인의 이동권과 일할 권리 보장, 산업재해 예방 강화, 환경 보호와 함께하는 일자리 창출 등 우리 사회에 산적한 문제를 해결하기 위한 여성운동과 노동운동은 물론, 모든 진보 정당의 실질적 협력과 전략적 연대의 가능성을 생각해보는 것이 특정 계급이나 집단이 아니라 모든 불안정한 노동자와 차별받는 소수자 집단을 포함한 보편적인 국민을 위하는 국가를 만드는 데 가장 중요한 첫걸음이 될 수 있을 것이다.

제4장

신념 체계를 통한
차별의 재생산

이 장에서는 이데올로기, 혹은 신념 체계가 과연 무엇이며, 어떤 형태의 지배를 통해 차별에 저항하려는 사람들의 행위를 무력화시킬 수 있는가에 대해 살펴본다. 신념 체계를 이데올로기와 같은 의미로 병기하여 사용할 텐데, 이는 분단을 겪은 경험 때문에 오랜 기간 모든 이데올로기가 '빨갱이'라는 공산주의자에 대한 멸칭과 혼용되어 온 맥락을 고려한 것이다. 실제로 역사상 다양한 비계급적 이데올로기, 즉 신념 체계가 존재해왔다.

이데올로기의 정의

이데올로기에 대한 이론을 가장 체계적으로 완성한 학자는 예란 테르보른이다. 그는 저서 『이데올로기의 권력과 권력의 이데올로기 *The Ideology of Power and the Power of Ideology*』[1]에서 주체가 종속 과정을 거치며 형성된다는 루이 알튀세르의 호명Interpellation 이론을 좀 더 구체화하여, 이데올로기를 인간이 구조화된 세계 안에서 성찰하는 행위자로 살아가는 방식을 형성하고 유형화하게 해주는 주체 형성과 변환의 기제로 파악하고 있다. 테르보른의 주체는 종속subjection과 자격 확인qualification 두 과정을 통해 형성된다. 종속은 어떤 특정한 주체성의 보편적 모델에 따라 개인의 주체성이 형성되는 것을 의미하고, 자격 확인은 그렇게 형성된 주체성이 사회적 관계에서 요구되는 특정 역할에 얼마나 적합한가를 의미한다. 이 두 과정이 일정하게 조응되는 것이 항상 보장되지는 않는데, 그것은 진행 과정에서 많은 불화와 모순이 발생할 수 있기 때문이다.

바로 여기서 우리는 특정 이데올로기가 어떻게 변화하는가와 관련된 중요한 시사점을 발견할 수 있다. 테르보른에 따르면, 인간 주체성의 형성과 변천을 의미하는 호명은 승인affirmations과 제재sanctions가 동시에 작동하는 과정 안에서 진행된다.[2] 즉, 이데올로기는 단지 단어나 언어에 의해 승인되거나 제재받는 것이 아니라 바로 그러한 이데올로기의 논변적 관행을 지지하거나 강화하는 실질적이고 물리적인 행위와 실천에 영향받는다. 특히 이데올로기적 담론의 지시를 거스를 경우 실패, 실업, 파산, 투옥, 죽음 등에 의해 제재받을 수 있다. 사회구조가 변화한다면 그러한 승인과 제재의 형태도 변화하게 된다. 예를 들어 여성은 가정에 충실해야 한다는 가부장적 이데올로기를 생각해보자. 조선시대에 여성이 이러한 이데올로기에서 벗어난 행위, 가령 결혼을 거부하는 행위를 한다면 단지 비난

받는 것을 넘어 육체적 생존 자체의 위기에까지 처할 수 있었다. 현대 사회에서 이런 이데올로기가 크게 완화된 것은 사실이지만, 이를테면 어떤 전문직에서 일하는 여성들은 수동적이고 부드러울 것을 요구하는 일반적인 가부장적 성$^{sex\cdot gender}$ 호명과 경쟁적이고 공격적일 것이 요구되는 법정에서 변호사로서의 호명의 불일치를 경험한다. 직업적인 호명에 충실하지 못하면 더 나은 로펌에서 일할 기회나 승진할 기회가 줄어든다. 반면 직업적인 호명에 충실하고자 가부장적 성 호명을 거부한다면 결혼할 기회가 줄거나 원만한 결혼생활이 타격받을 수 있다. 어떤 쪽에 충실하더라도 불만족스러운 결과가 초래되는 딜레마적 상황이다.

이데올로기는 인간 주체성의 여러 차원을 담고 있는 만큼, 다양한 이데올로기가 존재할 수 있다. 이 다양성을 구별하도록 해주는 두 차원의 변수가 실존 자체를 다루고 있는지 아니면 역사의 특정 지점과 관련된 것인가의 여부, 그리고 한 세계의 독립적 구성원으로 내포적으로 존재하는지, 아니면 다른 성원과의 관계 속에서 특정 지위를 가지고 존재하는지의 여부다. 내포적-실존적 이데올로기는 삶과 죽음, 그리고 자연질서에 의미를 부여해주는 신화나 도덕적 담론의 형태로 존재한다. 내포적-역사적 이데올로기의 대표적 사례는 부르주아 정치 이론에서 발견된다. 국가의 역할은 무엇이며 선한 정치와 악한 정치가 무엇인지와 관련된 신념 체계, 즉, 국가의 역할은 시장에 개입하지 않고 최소화되는 것이 좋다는 것 등이다. 지위적-실존적 이데올로기는 자아-타자의 구분, 청년기, 노년기 등 생애 주기나 성 정체성 등에 따라 만들어진다. 지위적-역사적 이데올로기의 대표적인 사례는 계급이다. 물론 이런 분류는 분석적일 뿐이다. 테르보른은 종교적 이데올로기가 내포적-실존적 이데올로기로 분류될 수 있지만 다종교 사회에서 그것은 동시에 역사적-지위적 이데올로기로도 작동할 수 있음을 지적한다. 이러한 테르보른의 분류 체계에 따르면 이데올로기의 세계는 결코 계급 이데올로기만으로 환원될 수 없다. 극단적으로 계급적으로 양분된 사회라 해도, 계급이 아닌 인간 주체성의 다른 근본적 형태들이 계급 주체성과 불가피하게 공존한다.[3]

테르보른은 지위적 이데올로기와 관련하여 에고-이데올로기와 타자-이데올로기를 구분함으로써 이데올로기적 투쟁과 관련된 분석을 정교화했다. 지위는 관계 속에서 존재하는 만큼, 호명은 두 가지 현실을 반영하는 방식으로 나타난다. 에고-이데올로기는 해당 지위 자체의 정체성과 관련된 호명을 의미하며, 타자-이데올로기는 자신의 지위와 관련된 다른 지위의 정체성과 관련된 호명을 의미한다. 예를 들어 남성 우월주의적 성 이데올로기는 남성성의 에고-이데올로기인 동시에, 여성성의 타자-이데올로기다. 계급과 관련된 이데올로기에 있어 자본가계급의 이데올로기는 부르주아 자신들의 주체를 형성하는 에고-이데올로기임과 동시에, 다른 계급 주체들을 지배하려는 타자-이데올로기로 분석되어야 한다. 마찬가지로, 노동자계급의 이데올로기도 프롤레타리아 계급의 주체 형성과 관련된 에고-이데올로기와 착취하는 자본가 세력에 대항하는 기반이 되는 타자-

이데올로기로 구성되어 있다. 부르주아의 에고-이데올로기는 시장의 우위, 창의력, 경쟁, 성취, 합리성, 노력 등이며, 타자-이데올로기는 자본주의에 대한 공격은 경제적으로 비합리적이라는 것이 핵심이다. 프롤레타리아의 에고-이데올로기는 노동 지향, 육체적 강인함, 참을성, 숙련 등으로 구성되어 있으며 타자-이데올로기는 경쟁적 개인주의에 대항하는 연대로 요약할 수 있다.[4]

계급 투쟁과 계급 연합, 혹은 저항을 위한 사회운동에 더 큰 영향을 미치는 것은 타자-이데올로기다. 신자유주의가 오래 지속된 현실에서, 노동자에게조차 부르주아 타자-이데올로기는 광범위하게 받아들여지고 있다. 프롤레타리아 타자-이데올로기가 노동자에게 호명되기 위해서는 확고한 에고-이데올로기에 기반한 구체적인 투쟁과 승리의 경험이 있어야 했다. 그러나 부르주아 이데올로기의 경쟁적 개인주의, 혹은 능력주의는 현대사회의 매일매일의 삶에서, 또 아주 어린 시절의 학교 교육에서부터 매우 긍정적으로 승인되고 있으며, 이러한 이데올로기에서 이탈할 때 받게 되는 현실에서의 실질적 제재 또한 심각한 수준이다. 더 우려되는 지점은 바로 이러한 경쟁적 개인주의만이 유일하게 존재하는 것이고, 올바르고 선한 일이며, 그래서 이것을 대체할 만한 다른 신념 체계를 생각하는 것은 불가능하다는 대안 부재의 상황으로 개개인이 호명되고 있다는 것이다. 그런 까닭에 경쟁적 개인주의를 광범위한 연대와 공존에 대한 관심으로 대체하려면 이러한 형태의 승인과 제재를 자아내는 물적 구조 자체를 바꾸려는 노력이 필수적이다.

신비화와 정당화 과정으로서의 신념 체계

테르보른은 호명이 이루어지는 방식을 '무엇이 존재하는가, 무엇이 선인가, 무엇이 가능한가' 이 세 가지 질문으로 구분하여 설명한다.[5] '무엇이 존재하는가'와 관련된 호명은 이데올로기를 신비화 mystification 과정으로 보는 관점과 관련이 깊다. 신비화는 무엇이 존재하는가와 관련된 우리 삶의 경험이 사회적 세상이 작동하는 실제 상황을 왜곡하고 가리는 방식으로 인식되는 것을 의미한다. 예를 들어 해가 지는 것을 바라보는 경험을 한다고 치자. 아무리 열심히 노력해봐도 우리는 지구가 태양을 도는 모습을 볼 수 없다. 지구가 태양 주위를 돌고 있다는 과학적 진실은 중세 시대의 자연과 관련된 이데올로기에 의해 차단되어 당시 사람들은 천동설 대신 지동설을 주장했다는 이유만으로 십자가에 묶여 화형당하기도 했다. 이런 신비화의 문제는 사회적 현상에서 더 부각된다. 우리는 보통 빈곤을 개인의 문제로 보면서, 왜 어떤 사람은 가난하며 다른 사람은 그렇지 않은가로 설명하는 방식에 익숙해져 있다.[6] 이 과정에서 경기 변동, 경제의 이중 구조, 비정규직에 대한 차별 등 사회구조적인 문제는 종종 무시된다.

신비화의 가장 잘 알려진 사례는 상품이 사회적 노동을 통해 가치를 획득함에도 불구하고, 그것이 가치가 있기 때문에 노동하는 것처럼 보이는 상품 물신주의 commodity fetishism 다. 칼 폴라니는 저서 『거대한 전환 The Great Transformation』[7]에서 이러한 신비화 과정을 통해 원래 상품이 아닌 것이 상품으로 보일 수도 있다는 점을 지적한다.

현재 우리 사회에서 가장 중요한 가치를 지닌 것으로 여겨지는 아파트, 직업, 재산은 폴라니가 언급했던 대표적인 허구적 상품들, 즉 토지, 노동, 화폐의 발현이다. 삶과 분리될 수 없는 노동의 상품화는 시장의 수요와 공급의 원칙이 적용될 때 고용 불안과 실업 같은 병폐를 통해 인간을 피폐화한다. 화폐란 구매력의 징표에 불과하다. 토지는 자연의 일부분으로 그와 더불어 살아가는 인간과 분리된 채 거래될 수 있는 것이 아니다. 폴라니는 그중에서도 특히 토지를 상품화한 것이 가장 기괴한 일에 속한다고 주장한다. "인간을 토지와 분리해 부동산 시장의 요구를 만족시키는 방식으로 사회를 조직할 수 있다는 것이야말로 우리 조상들이 한 일 중 가장 괴상한 일에 속한다."[8] 노동, 화폐, 토지가 상품화될 수 있는 것이라는 사고가 시장경제 혹은 자기조정시장이라는 '공상적' 개념의 핵심이라는 것이다.

경제가 사회에 배태되어 있다고 믿는 폴라니는 이런 허구적 상품들로 시장경제가 사회 전체에 해를 끼칠 때 사회는 스스로 보호하기 위해 움직인다는 이중 운동의 원리를 밝혔다.[9] 예를 들어 수많은 노동 입법과 미국의 뉴딜정책도 반ᄍ운동의 결과다. 금융시장이 완벽하다면 중앙은행은 존재할 이유가 없다. 선진국이 농민과 농토를 보호하고 외국인의 부동산 매입에 강한 규제로 대응하고 있는 것도 마찬가지 이유다. 문제는 이중 운동의 방향이다. 집은 삶의 가장 기본적인 안정성을 제공해주는 장소로, 어떤 이유로도 투기꾼들의 놀이터는 물론 투자 상품조차 되어서는 안 된다. 하지만 우리의 경우, 시장이 인간의 삶을 망쳐갈 때 규제 없는 시장으로부터 더 큰 이득을 얻어온 조직된 목소리가 항상 그 반대를 외쳐왔다. 더 자유로운 거래, 더 적은 세금, 더 많은 공급. 소수의 투기꾼에게 막대한 부의 축적 기회를 제공해온 부동산 적폐 청산을 위해서는 지난 수십 년간 집과 땅에 대해 우리가 가져온 생각을 바꾸기만 하면 된다. 집과 토지는 일반 상품처럼 거래되어서는 안 된다. 생산적인 경제활동에 여유 자금이 돌 수 있도록 부동산에 대한 규제를 지금보다 훨씬 더 확대하는 것은 투기꾼이 아닌 모든 국민에게 혜택을 줄 수 있다. 양질의 공공임대주택 제공이 투기적 수요를 유발해온 재개발보다 우선시되어야 함은 물론이다. 이해충돌방지법은 물론 토지 공개념의 취지를 제대로 반영한 입법도 필요하다.

'무엇이 선인가'는 이데올로기가 통상적으로 이해되는 방식과 가장 밀접하게 연결되어 있으며, 또한 신비화 과정과 분리되어 설명될 수 없다. 사회화socialization라고 일컬어지는 과정의 핵심은 바로 사회의 지배적인 규범을 바람직하고 선한 것으로 정당화legitimization하는 것이다. 상품시장이 이처럼 신비화되면서, 시장의 우위가 정당화되는 방향으로 호명되는 과정이 자연스럽게 뒤따라왔다. 이를 자세히 살펴보기 위해 산업화가 태동하던 영국의 상황에 주목해보자. 1795년, 스피넘랜드법은 당시 어려웠던 영국 농촌 노동자들에게 일정 수준의 소득을 보장해주었다. 문제는 일종의 임금보조제도였던 스피넘랜드 체제하에서 영국 농촌이 파운드화의 가치를 나폴레옹 전쟁 이전 수준으로 회복시키고자 했던 잘못된 거시경제 정책 탓에 극심한 실업과 빈곤을 겪게 되었다는 것이다. 1834년의 신구빈법은 이러한 근본적인 인과관계를 고려하지 않고 스피넘랜드에 농촌 피폐화의 누명을 씌웠고 그 후 영국은 수 세대에 걸쳐 국가의 빈민 구제에 대한 혐오와 불신을 키우게 되었다.[10] 시장의 정상적인 작동을 위해 빈민을 위한 국가의 개입은 없어야 한다는 학자들의 왜곡된 논증이 이러한 해석을 더 공고하게 뒷받침했다. 윌리엄 타운센드는 『구빈법에 대한 논고Dissertation on the Poor Laws』에서 태평양의 어떤 섬에서 벌어진 사건에 주목한다. 그 섬에 식량 조달 목적으로 내려진 염소들은 기하급수적으로 불어났고, 스페인 관리들은 이를 해결하기 위해 개 한 쌍을 같은 섬에 풀어놓았다. 이 개들도 번식함에 따라 섬에는 균형과 평화가 찾아온다. 식량의 양이 중요하다는 것을 안 타운센드는 이런 상황에서 구빈법의 개혁을 위해 필요한 것이 무엇인가에 대해 다음과 같이 추론하고 있다. "오직 굶주림만이 가장 사나운 맹수를 길들이고, 예절과 공손함, 순종과 복종을 가르칠 수 있다. 일반적으로, 굶주림만이 그들〔빈민〕을 자극하여 일하도록 내몰 수 있다. 그런데 우리의 법이 그들이 굶주려서는 안 된다고 한다. 동시에, 그 법이 그들은 일해야 한다고 강제하고 있다. (⋯) 노예는 노동하도록 강제될 수 있으나 자유인은 그 자신의 판단과 결정에 따라 스스로 결정할 수 있어야 한다⋯⋯."[11] 인간 공동체를 동물에 비유한 이 논지는 토머스 로버트 맬서스, 에드먼드 버크 등 결이 다른 여러 학자에게 공유되며 자유방임주의, 자유시장경제를 옹호하는 새로운 정치적 이념의 시작을 알렸다.[12]

스피넘랜드의 착시는 21세기의 우리 사회에서도 여전히 살아 있다. 예를 들어 외환위기 이후 공공 부문에서 급격하게 늘어난 민간 위탁도 신자유주의하에서 부활한 시장에 대한 맹목적 믿음과 무관하지 않다. 하지만 민간 위탁이 더 효율적이라는 것은 빈곤 구제로 빈곤이 더 악화되었다는 스피넘랜드에 대한 악의적 서사만큼 심각한 오류일 수 있다. 민간 위탁이 문제인 이유는 비정규직으로 인정되지 않는 불안한 고용 형태가 만연할 수 있기 때문인데, 비교 대상이 없는 만큼 이들은 비정규직 보호법에 따른 차별 시정의 대상이 되지도 못한다. 민간 위탁은 과연 누구에게, 어떤 이유에서 효율적인가? 민간 위탁이 효율적이기 위한 가장 중요한 조건은 공공기관이 확보하기 어려운 민간의 전문성 활용이다. 하지만 대부분의 업무가 전문성과 무관한 일반적인 공공 업무로, 사실상 노무 제공에 불과한 위장된 용역 형태도 종종 발견된다. 인건비 등 비용 절감과 관련된 효율성 역시 민간 위탁 기업들의 높은 간접비, 임금 횡령이나 감가상각비 허위 기재, 대행료 과다 청구 등으로 제대로 실현되고 있다고 보기 어렵다. 공공 서비스 공급에 있어 시장의 경쟁 요인을 도입하겠다는 취지도 실제로는 특정 기업이 독식하는 관행과 퇴직 공무원이 선정된 업체의 임원으로 가는 등의 비리로 인해 무력화된다. 결국 민간 위탁은 세금을 내고도 공공성 높은 서비스를 받지 못하는 국민과, 직영 노동자와 유사한 업무를 하면서도 낮은 임금과 불안정한 고용을 감내해야 하는 민간 위탁 노동자 모두에게 효율적이지 못하다. 관리할 업무가 줄어들며 문제가 생겼을 때 책임을 회피할 수 있는 일부 공무원에게는 효율적일 수도 있겠다.

민영화, 외주화, 시장화에 기반한 신공공관리론의 논리가 우리 사회를 지배한 지 오랜 시간이 흘렀다. 효율성과 유연성에만 매몰 되었던 민간 위탁 정책의 전면적 기조 변화가 필요한 시점이다. 많은 지자체 업무가 중앙정부의 예산으로 민간 위탁되고 있는 현실에서 획일적인 기준 적용이 어렵다는 이유로 규제 방안을 고민하지 않는 것은 이해하기 어렵다. 예산 지원을 무기로 인건비를 묶어둘 수 있었다면, 차등적 예산 배정을 통해 공영 전환을 독려하거나 인소싱 목표제를 시행하지 못할 이유가 없다. 본질상 정부의 고유한 업무는 외부 위탁을 하지 않는 것을 원칙으로 하며 민간 위탁으로 인한 비용 감소나 서비스의 질 제고가 불분명한 업무의 공영 전환부터 단계적으로 시행해야 한다. 시장의 효율성 착시에 눈멀어 더 이상 무분별한 민간 위탁의 관행이 만들어낸 어두운 그림자를 방치하지 말아야 한다.

헤게모니로서의 신념 체계

호명이 이루어지는 마지막 방식, 즉 '무엇이 가능한가'는 헤게모니 hegemony로서의 이데올로기를 의미한다. 비록 시장경제와 그것이 파 생시키는 경쟁적 개인주의 및 능력주의 이념을 받아들이지 않는다 고 해도, 실현 가능한, 혹은 상상 가능한 대안이 없다고 여겨진다면 차별받는 사람일지라도 체념할 수밖에 없다. 테르보른에 의하면, 체 념은 변화 가능성에 대한 뿌리 깊은 비관적 관점을 내포한다. 즉, 모든 권력은 타락하고, 대안 권력도 마찬가지라는 것이다. 변동을 일으키려는 세력은 상대적으로 미미하며 분열되어 있고 무능한 데다 믿음직스럽지 못하므로, 민주적으로나 경제적으로, 또 그 외의 여러 차원에서 지속 가능하지 않다고 여기는 것이다.[13]

이런 맥락에서, 헤게모니는 이데올로기적 지배와 거의 같은 개념으로 이해된다. 안토니오 그람시는 자본주의 체제의 안정성을 설명하기 위해 도덕적·지적 리더십을 발휘할 수 있는 지배계급의 역량을 뜻하는 개념으로서의 헤게모니 이론을 발전시켰다.[14] 그 도덕적·지적 리더십의 핵심은 지배계급의 이해에 부합하는 일이 모두에게 도움이 되는, 특히 피지배계급에게도 도움이 되는 보편적인 것이라 설득하며, 그들로부터 자발적인 동의를 얻어내는 능력이다. 미국 제너럴 모터스[GM]사의 CEO가 "GM에게 좋은 것이 미국에게 좋은 것이다"라고 이야기하는 데 아무도 반박할 수 없는 것, 우리 사회에서도 현대나 삼성 같은 재벌 기업에게 좋은 일을 아무 연관도 없는 사람들이 좋은 일로 자연스럽게 받아들이는 것, 모두 헤게모니가 작동 중임을 의미하는 사례다. 헤게모니적 지배는 단순한 억압이 아니다. 저항 세력의 핵심적인 요구 사항을 지배적 지위에 있는 집단의 이익 실현에 도움이 되는 방향으로 재해석해 그 의미를 도용하고 전용하는 것으로 급진적이고 전투적인 저항을 무력화한다. 예를 들어 '공정'이라는 이념을 생각해보자. 비정규직이 유사한 업무에 종사하면서도 정규직과 큰 차이가 나는 차별적인 저임금을 받을 때, 당연히 공정한 임금을 요구할 수 있다. 2007년 도입된 비정규직 보호법의 취지도 이런 것이었다. 그러나 이러한 공정이 경쟁적 개인주의, 능력주의와 결합되면서 오히려 차별이 공정이며, 차별적 임금과 처우를 시정하는 것이 불공정인 것으로 뒤바뀌어버렸다. 비정규직은 따라서 차별을 감수하며 살 수밖에 없어졌다. 차별 시정을 요구하는 것이 공정이라는 중요 가치를 훼손하는 것과 같은 일이 되었기 때문이다.

헤게모니적인 지배하에서, 카운터헤게모니^{counterhegemony}를 만들어내는 것은 이처럼 끊임없이 헤게모니로 다시 복속될 위험을 감수해야 하는 어려운 일이다. 지배적 이데올로기에 대항하면 저항에 성공하기보다는 포섭될 가능성이 커지지만, 그렇다고 그런 대항 자체를 거부하고 독립적인 이데올로기를 구축하려 하면 할수록 주변화될 가능성만 더 커질 뿐이다. 그람시가 이야기한 피지배계급의 자발적 '동의'는 그러므로 완전히 자발적인 것을 뜻하지는 않는다. 테르보른이 설명한 이데올로기적인 지배의 다양한 유형을 헤게모니는 모두 포괄할 수 있다. 대안이 가능하다고 생각할 때조차 피지배자는 그 세계의 어떤 특성을 자신에게 중요하다고 여기며 저항하지 않고 대신 그 상황에 '적응'할 수 있다. 대의민주주의하에서 정치적으로 주변화된 피지배자는 현재의 상황이 불가피하다는 의식을 가지고 손쉽게 저항을 포기하기도 한다. 지배자의 일부 특성이 자신과 유사하다는 것을 들어 그들의 대표성을 인정해주기도 하고, 그들을 혈통이나 특별한 양육 등 여러 면에서 자신과 다른 특권적 존재라고 생각해 복종하기도 한다. 복종하지 않으면 받을 여러 차원의 불이익과 고통이라는 공포감에 의해 지배받기도 하며, 또한 이미 언급한

바와 같이 대안을 상상할 수 없는 현실을 인정하며 체념한다.[15]

이러한 이데올로기로서의 헤게모니 개념은 스티븐 룩스의 삼차원적 권력론과 유사성이 있다. 룩스는 일차원적 권력론, 즉 A는 B에게 B가 하지 않았을 일을 할 수 있게 하는 만큼 권력을 지닌다는 다원주의적 이론과, 바로 이런 행위주의적 권력 개념을 비판하며 의도적인 비의사결정을 통해 특정 정치적 이해가 표출되지 못하도록 막는 권력의 존재를 가시화한 이차원적 권력론을 모두 불충분한 것으로 파악하면서, 다원주의적 권력 이론에 대한 강력한 비판을 제기했다. 삼차원적 권력론의 핵심은 권력이 갈등 상황에서만 생겨나지 않는다는 것이다. A는 B에게 하기 싫어하는 것을 시킴으로써 권력을 행사할지 모르나, A는 또한 B가 원하는 것 자체에 영향을 미침으로써 권력을 행사할 수 있다는 것이다.[16]

따라서 가장 교활하고 강력한 권력의 행사는 저항하는 상대를 힘으로 제압하는 보이는 권력이 아니라, 상대가 자신의 진정한 이익에 반하는 욕망과 믿음을 갖게 함으로써 그런 지배를 오히려 환영하고 순종하게 만드는, 보이지 않는 권력을 통해 이루어진다. 어떤 게임이 진행돼야 할지를 결정하고 만들어내는 시스템적 권력, 시장 원리 확대와 자본시장 자유화 등을 기조로 한 '워싱턴 컨센서스' 같은 것이다. 여기서의 '워싱턴'은 미국 정부뿐 아니라 IMF와 세계은행, 투자은행가, 주요 선진국의 재무부 장관 등 워싱턴에 모여 경제 문제를 의논하고 여론과 정책을 주도해나갈 능력이 있는 모든 기관과 네트워크를 의미한다. 이런 신자유주의에 기반한 세계화로 인해 국가 엘리트가 과연 국가 유지에 필수적인 조세와 고용이 기업활동에 달린 만큼 주로 기업과 자본을 위해 일하는 사람들인가, 아니면 특정 계급으로부터 독립된, 나름의 자율성을 가지고 활동하는 사람들인가 하는 논의는 무색해졌다. 개별 국가의 재정 및 통화 정책의 자율성이 초국적 금융 헤게모니의 확산에 따라 구조적으로 제한되었기 때문이다. 그 결과 이제는 국가의 주권과 권한을 세계 기구, 혹은 초국적 기업이나 은행 등과 나누는 일이 아주 당연시되고 있다. 결국 경제활동의 세계화는 기업들의 이윤을 세금으로 회수하는 일을 점점 더 어렵게 만들었고, 소수의 핵심 노동자층을 제외한 대다수 노동인구를 주로 노동비용 삭감을 통해 격화된 초국적 경쟁에서 살아남으려는 주변부 기업에서의 고용 불안과 저임금에 방치했다.

지금도 그에 못지않은 위기 상황이다. 상시적 재정 위기를 국가 부채와 가계 부채의 동반 상승을 통해 모면해온 신자유주의의 한계가 노출되면서 전 세계적으로 1920년대 대공황의 그림자가 어른거린다는 전망까지 나오고 있다. 세계화된 금융자본이 갉아먹은 국민 주권의 중요성을 코로나19의 경험이 일깨웠다. 신념 체계의 변화를 가져오는 승인과 제재의 물적 기반이 달라지기 시작한 것이다.

이데올로기의 정치, 정치의 이데올로기

우리가 특정 신념 체계에 호명되는 것은 우리 삶의 구체적인 경험 속에서 그 이데올로기가 끊임없이 검증되고 보상받기 때문이다. 이데올로기는 비록 부분적일지라도 체득된 사실에 근거한다. 한때 태양이 지구를 회전한다고 믿었던 것이 실제로 지구에서 봤을 때 태양이 지구를 돌고 있었기 때문인 것처럼, 예를 들어 박정희나 전두환의 시대를 그리워하는 것은 그 시대의 경제가 실제로 빠르게 성장했기 때문이다. 같은 논리로, 이데올로기는 그 효용성이 현실에서 크게 저하될 때 필연적으로 변화한다. 신자유주의가 점한 수십 년간 악화 일로의 경제와 극단적 양극화가 바로 지배적인 이데올로기의 몰락을 이끌어낸 주된 배경이다. 대다수 국가에서 2008년 경제 위기로 인한 여파가 지속되면서 경제는 천천히 망가져왔다.

특히 최근 전 세계를 휩쓴 코로나19 바이러스는 이러한 보수적인 시장 우위의 신념 체계의 문제점을 더욱더 뚜렷하게 부각시켰다. 코로나19의 위기 속에서 공공의료 체계가 작동하지 않는 선진국의 처절한 상황이 금융화된 세계경제에서 공공성의 가치를 무시하는 일이 얼마나 위험한가를 드러내 보였기 때문이다. 또한 코로나19로 인한 세계경제의 위기는 2008년보다 더 심각한 수준이라 국가가 가용한 모든 자원을 동원해 위기 극복의 주체로 나서야 했다. 지금까지 우리 사회는 시장 원리의 확대와 국가 역할의 축소를 주창해왔지만, 이러한 보수적인 이데올로기는 그런 신념 체계의 주된 지지층인 안정된 중산층의 크기를 물리적으로 축소시켰을 뿐 아니라, 어렵게 그 자리를 지키고 있는 사람들에게조차 이 이데올로기의 신뢰도에 대한 심각한 의구심을 불러일으켰다.

내가 이데올로기의 정치를 좋아하지 않는 이유는 단지 내 생각과 다르기 때문만이 아니다. 그 이념은 내적 일관성도 결여하고 있다. 시장에서의 자본주의적 무한 경쟁은 보통 그 경쟁으로 인한 혁신이나 효율성을 가져오기보다는 사회 최하층에 불필요한 불안과 고통만 집중적으로 안겨줄 뿐이다. 최상층의 은행가와 거대 기업의 소유주는 대마불사를 이유로 어떤 잘못된 투자나 투기로부터도 구제된다. 이런 극소수만을 위한 '금융사회주의'는 다수 납세자의 피땀 어린 세금으로 유지되어왔다.

낡은 이데올로기의 정치를 버리고 새로운 정치의 이데올로기를 세우는 작업은 교육, 의료, 돌봄 등 시민의 삶의 질과 직결되는 서비스에 최우선적 공공성을 두는 것으로 시작되어야 한다. 낮은 임금과 엄청난 장시간 노동을 최고의 경쟁력으로 삼아 산업화에 성공했다고 해서 그때 체득한 생존 기법을 21세기 위중한 글로벌 경제 위기에 재활용하려고 하지도 말아야 한다. 과연 누구를 위한 것인지 불분명한 재정 건전성에 대한 과도한 집착을 버리고 가끔은 기업뿐 아니라 나라와 경제를 위해 많은 희생을 감내해온 시민과 노동자를 위해서도 기본소득의 형태로 세금이 쓰여야 한다. 지금은 건전한 재정보다 극심한 수요 부진을 떨치고 민생 경제에 활력을 불어넣는 것이 더 중요한 시기다. 불확실한 위기의 시대를 현명하게 주도할 수 있는 정치의 이데올로기를 찾으려는 노력은 새로운 신념 체계가 자리할 사회경제적 현실을 바꾸려는 노력으로부터 시작되어야 할 것이다.

제2부

차별의 서사

제5장

능력주의는 차별이 아니다?:
체념

구조적 차별을 가려서 이것의 시정을 막는 가장 큰 장막이 능력주의다. 능력에 따른 선발, 배치, 보상이라는 이 합리적이며 간결한 원칙이 우리 사회에서 차별을 온존시키는 주범이 된 원인은 무엇일까? 그것은 현재 우리 사회에서 작동하는 능력주의가 그 원칙에 충실한 능력주의라기보다는 시험 서열주의에 가까우며, 그런 시험 서열주의가 적어진 기회, 지나친 경쟁 그리고 그 안에서의 폭주를 부추기는 현실의 압박과 그로 인해 힘을 얻은 잘못된 신념 체계 안에서 작동하고 있기 때문이다.

차별 아닌 차별: 평등주의적 관점에서 본 능력주의 담론

능력에 따른 처우라는 능력주의의 정의에 그 처우가 얼마나 차이 나야 한다는 것은 포함되어 있지 않다. 따라서 능력주의는 부와 소득의 좀더 평등한 분배를 원하는 평등주의와 완전히 배치되는 것은 아니다. 그럼에도 불구하고 능력주의가 점점 더 악화되는 사회적 불평등을 용인하는 것을 넘어 정당화까지 하게 된 데에는 능력주의에 대한 피상적 이해 속에서 극단적으로 경쟁적인 개인주의가 확산한 탓이 크다. 능력주의와 지나친 보상 격차를 분리해 생각해야 하는 이유는 능력주의가 중시하는 바로 그 능력이 획득되는 경로와 관련 있다. 21세기 현대사회에서 고소득을 올리거나 부를 축적할 능력에 지대한 영향을 미치는 것은 부모, 재능과 관련된 유전자, 환경이다.

스튜어트 화이트는 이러한 운 불평등의 문제점을 설명하기 위해 다음과 같은 예를 든다.[1] 어떤 제품을 두 명이 만들고 있다고 치자. 모두 아침에 일찍 출근해 각자에게 배당된 기계에서 일한다. 만일 A의 기계가 새것이고 좀더 효율적이어서 B보다 두 배 더 생산한다면, A는 두 배의 임금을 받아야 하는가? (아니다.) 자, 이번에는 A의 손재주가 좋아 B보다 두 배 더 많이 만들고 있다고 치자. 그렇다면 A는 B보다 두 배의 임금을 받아야 할까? 화이트의 논점은 첫 질문에 대한 답이 '아니다'라면, 두 번째 질문에 대한 답도 '그렇다'가 될 수 없다는 것이다. 손재주 같은 재능은 타고나는 것이다. 물론 노력도 중요하다. 그러나 끊임없이 재능을 갈고닦는 '노력'이야말로 중산층 이상의 가정에서 적절한 관심과 도움을 얻을 때 함양 가능한 가장 중요한 재능일 수 있다. 문제는 저소득층 가구에서 태어날 경우, 학업보다는 아르바이트에 시간을 빼앗겨 노력할 기회 자체를 잃을 수 있는 것이다. 저소득층에 태어나고 싶어 태어난 것이 아니라면 이건 이 학생의 나쁜 운일 뿐이다.

어느 누구도 부모를 선택할 수 없고, 같은 이유로 유전자 또한 선택할 수 없다. 환경은 일차적으로 부모로 인해 상당 부분 결정되며, 일생을 통해 본인의 성취에 유리한 기여를 할 수 있는 주변 사람이나 기회를 얻는 것 또한 결정적으로 '운'에 달려 있다. 그래서 화이트는 다음과 같은 근본적인 질문을 한다. "왜 경제를, 노동을 다른 사람과 차별되는 높은 임금이라는 상을 타기 위한 경주로 만들어야 하는가? 동료 노동자가 그들 자신의 실수나 잘못 때문이 아닌데도 아무리 노력해봤자 승리할 기회를 가질 수 없는."[2] 재능과 노력에 더 많은 갈채를 보내는 것에 찬성할지라도, 지금처럼 극단적인 임금 격차까지 인정할 필요는 없다. 예를 들어 상당수의 선진국에서는 비정규직 종사자에게 불안정한 일자리를 보상하는 의미에서 오히려 정규직보다 높은 임금을 지급하기도 한다. 나쁜 운으로 인한 모든 불평등은 최소화하는 것이 맞다. 한국에서 시험 서열주의라고 해야 할 이 능력주의는 금융위기를 계기로 불어온 신자유주의의 광풍하에 전 생애를 보낸 세대의 특징으로 인식되지만, 실제 우리 사회에서는 세대와 지위를 가리지 않고 광범위하게 존재해왔다. 전후의 혼란기와 산업화 초기, 극소수를 제외하고는 모두가 가난했던 시기, 시험 서열주의라 하더라도 귀족주의나 혈연주의보다 월등하게 나은 선발 원칙을 제공했던 것은 사실이다. 이런 집단적 경험이 산업화가 거의 끝나 이제 계급이 공고화되고 고용 형태가 분화되어 불평등이 극심해진 현재까지 작동하고 있다는 것이 문제다.

베버는 「교육과 훈련의 합리화 The Rationalization of Education and Training」라는 짧은 글에서 우리가 아는 여러 시험에 대해 의미심장한 해석을 하고 있다. 그에 따르면, 민주주의 아래서 모든 계층은 원칙상 모든 시험에 응시할 수 있고 그래서 모든 계층에서 이런 시험을 통해 특정한 전문직이나 지위에 선발될 수 있지만, 결국 이런 시험은 능력주의를 확산하고 특별한 자격증을 부여하는 과정을 통해 특권적 지위 privileged caste를 만들어낼 수 있다고 통찰했다. 관료주의는 이런 시험의 중요성을 더욱 확대시키고 교육상의 자격증은 결국 경제적 이득으로 이어진다. 시험은 교육에 대한 갈망이 아니라 이런 지위의 공급을 제한하려는 욕망에 기반하고 있으며, 이런 교육 비용이 너무 많이 요구됨에 따라 재능의 희생하에 경제적 지위와 자산이 승리할 수 있게 된다는 것이다.[3] 이는 특권적 지위에 있는 사람들이 능력주의라는 창이자 방패로 기득권이 없는 사람들을 차별하고 배제하는 행위가 용인된다는 것을 의미한다.

따라서 불평등과 불평등하게 분배된 자원에 기대어 펼쳐지는 무한 경쟁이 평등보다 더 효율적이라는 것은 착각일 수 있다. 불평등은 인간 재능과 자원의 극심한 낭비를 초래한다. 저명한 진화생물학자 스티븐 제이 굴드는 이를 다음과 같이 표현했다. "내가 더 관심 있는 건 아인슈타인 두뇌의 무게나 주름이 아니라, 그와 똑같은 재능을 가진 사람들이 면화농장과 노동자를 형편없이 처우하는 공장에서 일하다가 죽었다는 거의 확실한 사실이다."[4] 이런 맥락에서, 공정을 이야기할 때 자주 등장하는 존 롤스의 정의론은 충분히 정의롭지 못하다. 그는 차등의 원칙을 통해 사회적 불평등도 사회에서 가장 어려운 사람들, 즉 최소 수혜자에게 혜택이 된다면 용인될 수 있다고 말한다. 제럴드 코언의 비판처럼, 만일 능력 있는 이들이 충분한 보상을 받지 못해 생산적 노력을 하지 않기로 한다면 그런 노력이 불가능해서인가 아니면 그 정도 보상으로는 하지 않으려고 하기 때문인가? 좀더 평등한 사회에서는 불평등한 사회보다 덜 보상받아도 능력 있는 이들의 생산적 기여가 가능했을 것이고 그만큼 최소 수혜자의 혜택도 증가했을 것이다.[5]

진정한 능력주의는 모든 시민이 유사한 출발선에 설 수 있도록 보편적 복지와 기본소득이 보장될 때, 평생에 걸쳐 능력을 증진시킬 기회가 공평하게 제공될 때 완성된다.

조국 사태와 시험 서열주의의 완성

2018년 말부터 2019년 초까지 방영된 드라마 「SKY 캐슬」[6]의 배경인 대한민국 최고 사학인 주남대학교, 그리고 주남재단의 이사들과 주남대학병원 의사들, 판·검사 출신의 로스쿨 교수들이 모여 사는 유럽풍의 4층 석조저택 단지에서는 공부를 잘하지 못하는 등장인물을 찾기 힘들다. 출세와 야망의 화신인 주남대 로스쿨 교수 차민혁의 대사, "인생에서 중요한 건 우정, 의리가 아니야. 니들 위치야. 피라미드 어디에 있느냐고. 밑바닥에 있으면 짓눌리는 거고, 정상에 있으면 누리는 거야"는 대한민국 모든 학부모의 가슴을 울렸다. 이런 아버지 밑에서 하버드대 학생이라고 거짓말한 딸 차세리는 "남들이 알아주는 게 뭐가 중요해? 내가 행복하면 그만이지. 나 춤추고 사는 인생 즐거워. 클럽에 와서 힐링하는 애들 보면 너무 신나. 그러니까 아빠, 제발 부탁인데 날 좀 존중해줘. 명문대 나온 사람만 사람인 양 착각하는 아빠를 내가 생까기 전에"라고 반발하지만, 바로 그 학벌 위조라는 설정 때문에 이 대사의 진실성은 크게 감소한다. 왜냐하면 이런 자존감 넘치는 생각을 가졌다면 애초에 자신의 존재 자체를 부정하는 거짓말을 할 필요는 없었을 테니까.

「SKY 캐슬」에서 유일하게 드러내놓고 공부를 못하는 우수한 학생은 드라마에서 가장 현실적인 아빠로 나오는 정형외과 교수 우양우의 아들이다. 그는 부모로부터 공부를 못한다는 비난을 받은 뒤 다음과 같은 편지를 남기고 가출한다. "태어나서 정말 죄송합니다. 저도 100점 맞고 싶어요. 저도 공부 잘해서, 엄마 아빠 기쁘게 해드리고 싶은데 제가 팔푼이라서 정말 죄송합니다. 엄마 아빠 마음이 편해질 수 있다면, 저는 죽어도 좋아요. 그동안 키워주셔서 감사합니다. 안녕히 계세요." 이런 글을 쓰는 우수한의 감정은 과연 어떤 것일까? 혹실드의 프레이밍 규칙에 따르면, 열심히 하지만 능력이 부족해 우수한 성적을 거두지 못하는 우수한 학생은 부모가 그럼에도 불구하고 자신을 사랑해주어야 한다고 주장할 수도 있고, 아니면 이처럼 자신을 실패로 규정하면서 사과할 수도 있다. 우수한은 후자를 택했다. 자기 자신으로서 사랑받고 싶은 감정과 그렇지 못한 상황의 극심한 불일치 속에서 우수한 학생은 자신이 여기서 화를 내거나 사랑을 요구할 수 없다고 규정한 것이다. 아마도 학업과 관련해 유사한 처지에 있는 학생 대부분이 그러할 것이다.

2019년 여름, 「SKY 캐슬」의 씁쓸한 뒷맛이 사라지기도 전에 우리는 조국 사태와 마주했다. 청년들이 분노한 조국 사태의 본질은 교육을 통한 계급의 공고화다. 높은 수준의 문화자본과 경제자본을 보유한 경우, 그 자녀 세대는 더 높은 학업 성과를 거둘 수 있다는 것이 문제의 핵심이었다. 그러나 이 본질적이고 핵심적인 문제는 간과된 채 제대로 논의되지 못했다. 겉으로 드러난 입시에서의 일탈 혐의를 집요하게 파헤쳐봤자, 또 정시 확대 등을 통해 입시의 엄정한 관리를 아무리 외쳐봤자 수면 아래 감춰진 더 중요한 현실의 변화는 미미하다. 이런 시정의 노력조차 하지 않는 것보다야 낫겠지만, 여기서 멈춰서면 강화된 공정함의 외피 아래 학력과 학벌에 따른 불평등만 더 정당화시킬 수도 있다. 실제로 이 사건을 통해 절차적 공정성에 대한 문제의식만 부각되면서 시험 서열주의는 오히려 더 강화되었다. 학벌 및 학력 차별의 가장 큰 희생자일 수도 있는 비명문대 혹은 지방대 학생들, 더 나아가 대학에 진학조차 못 한 저소득층 청년들의 목소리는 이 사태 이전이나 이후 모두 전혀 들리지 않았다.

이런 근본적인 문제의 해결 없이 우리는 코로나19를 맞이했고, 이 시기 불가피했던 원격수업이 계층 간 학력 격차를 확대시키며 교육 불평등을 심화시켰다는 우려가 제기되었다. 내가 소속한 사회학과 학부의 배다연, 유지수 그리고 대학원의 김은지, 이주은 학생과 함께 코로나19 이후 원격수업이 고교 유형별로 교육 불평등 확대에 어떤 영향을 주었는가에 대해 연구해 2022년 초 발표한 논문은 다수의 일반고 학생들이 시험 서열주의를 넘어서는 대안을 꿈꾸지 못하는 현실을 보여준다. 이 연구에는 특목·자사고 학생 10명, 일반고 학생 13명, 학부모와 교사 각각 5명 등 총 33명에 대한 심층 면접을 2020년 12월부터 2021년 6월까지 실시한 결과가 담겨 있다. 분석 결과, 특목고·자사고가 일반고보다 대응 역량이 뛰어난 것은 사실로 드러났다. 이들은 특유의 서비스 정신과 정보력을 바탕으로 동질적으로 우수한 소속 학생에게 원격등교에 적극적이고 선제적으로 대처했다. 특목고·자사고는 외부적으로는 일반고 위에 존재하는 소수의 엘리트 교육기관으로서 교육을 서열화했지만, 내부적으로는 동질적인 중산층 이상의 학생 구성원 모두를 위한 우수하고 평등한 교육을 제공한 것이다. 학생들도 학교의 대응이 일반고에 비해 체계적인 것에 만족하면서 부족한 면을 보충하기 위해 노력했다.[7]

반면 일반고에서는 사회적 거리두기가 학생과의 '거리두기'로 변질된 채 학습의 질과 양이 모두 저하되었고, 그에 따라 희소한 자원이 상층부의 소수 우수한 학생에게 집중되는 관행이 더 악화되었다. 일반고는 사회 전체적인 차원에서는 '평등한' 교육 기회를 제공하는 것으로 알려져 있지만, 실제 학교 내부적 차원에서는 공부를 잘하는 학생과 그렇지 못한 학생을 차별하며 다수에게 공평한 기회를 제공하는 데 실패한 것이다. 심층 면접 과정에서 드러난 차별적 관행은 충격적인 수준이었다. 입시 상담에서는 이런 차별이 더 두드러진다. "그건(성적에 따른 차별은) 진짜 있어요. 잘하는 친구는 선생

님들끼리 회의해서 (대학에) 보내요."[8] "선생님이 티 나게 공부 잘하는 애들만 상담해주시고, 도와주시고 그런 경향이 있어요."[9] 단순히 상담을 더 열심히 해주는 것을 넘어서, 학생부 종합전형에 유리하도록 상을 몰아주는 방식의 노골적인 차별도 존재한다. 이와 관련된 양선우(가명) 학생의 면접 내용에 주목해야 하는 이유는 그가 이런 문제점을 지적하며 내보인 감정 때문이다. "학교 비리도 있어요. 영재반, 이런 게 있는데 대회를 개최하면 상을 그쪽 반에 몰아주는 게 노골적으로 심해요. 학교 입장에서는 이왕이면 내신 좋고 가능성 있는 애로 몰아주는 게 있어요. 전학을 와서 그런 반에 들어가진 못해서, 수상을 못 했다는 게 화도 나고 그랬는데, 이제는 그럴 수도 있겠구나. 차라리 몇 명 몰아줘서……."[10] 이런 부당한 차별을 받을 때 나타날 수 있는 자연스러운 감정은 분노다. 그러나 이는 오래 지속되지 못했다. 양선우 학생은 분노를 유지해 현실을 바꾸고자 노력하는 대신, 이런 차별을 결국 불가피한 것으로 받아들인다. 이 사례에서 두드러지는 감정은 '체념'이다. 그러나 이런 체념을 이끌어낸 주요 원인이 시험 서열주의라는 지배적 신념 체계인 만큼, 이 체계에 대한 암묵적 동의는 지속된다. 비정규직의 정규직화 과정에서 '시험'을 보지 않는 정규직화에 반대하는 목소리는 이 체제 아래서 인정받는 학생이나 그렇지 않은 학생이나, 승리할 수 있는 학생이나 그럴 가능성이 적은 학생이나 유사했다. 공정성이 의심되는 학생부 종합전형과 같이 고등학교에서 겪었던 주관적 평가에 대한 반감이 시험 서열주의에 대한 근본적인 의구심을 키우는 대신, 주관적 평가가 배제된다고 믿는 객관적으로 계량화된 '시험'을 더 신봉하게 된 것이다.

따라서 코로나19 시기 고교 유형별 대응 역량의 격차가 시험 서열주의를 재생산하는 과정을 이해하기란 어렵지 않다. 특목고·자사고, 일반고를 가리지 않고 원격등교는 개인의 노력에 따라 달라질 수 있는 것으로 인지되었고, 이에 따라 개인의 의지와 노력의 중요성을 강조하는 것으로 학생, 부모, 교사의 의견이 수렴되었다. 특목고·자사고의 경우 어차피 평등하게 분배된 풍부한 학교 자원과 높은 경제적 자본을 가진 가정 배경을 공유하는 만큼 이런 혜택을 받은 학생은 자신의 '의지'만이 성적과 성과를 결정하는 경험을 통해 성적에 따른 시험 서열주의를 정당한 노력에 따른 결과로 내면화했다. 일반고 학생들은 원격수업에 제대로 대처하지 못한 열등한 고교라는 편견에 저항하기보다는 이를 수용했다. 아마도 고교 서열화나 가정 배경상의 격차를 어떻게 해도 바꿀 수 없는 상황으로 체념하고 받아들였기 때문이라는 해석이 가능하다. 아무것도 바꿀 수 없을 때, 더 나은 교육 성과를 위해 변화시킬 수 있는 부분은 개인적인 노력뿐이다.[11]

등급지어지고, 선발당하기 위해 천문학적인 사교육비가 낭비되는 동안, 대학 진입 이후의 교육의 질을 제고하기 위한 투자는 무관심 속에 방치되고 있다. 우리의 고등교육 투자는 OECD 국가 평균의 3분의 2 정도인데, 이 중 민간이 아닌 정부 재원이 차지하는 비중은 3분의 1 남짓으로, 정부 투자의 비중이 3분의 2 이상인 평균적 선진 국가가 사용하는 재원의 9분의 2에 불과하다. 아이러니하게도 사교육비가 엄청나게 투입되는 고등학교까지의 정부 투자는 OECD 국가의 평균보다 약간 높다고 한다.[12] 등록금은 비싸지만 가난해진 대학은 학술지 구독을 중단하고 실험실습비도 감축한다. 결국 또다시 학교가 제공하는 자원에 더 의존적인 어려운 형편의 학생이 더 큰 피해를 입는 것이다. 물론 대학에 대한 국민 다수의 평가는 상당히 부정적이며, 이에 따라 사립대에 대한 재정 지원 확대에도 반대하고 있는 것이 사실이다. 그러나 급증하는 교육 수요를 충족시킨다는 명목으로 무분별한 사학 설립을 통해 민간의 자원에 과도하게 의존해왔던 정부의 관행이 부실 사학을 창궐케 한 진짜 원인이다. 조국 사태가 우리에게 주는 교훈은 모든 정책을 평등의 관점을 포함해 마련해야 한다는 것이었다. 고등교육에 대한 과감한 투자로 적어도 돈이 없어 대학을 꿈꾸지 못하는 사람을 없애고 원하는 모두에게 양질의 교육을 제공해야 한다. 대학의 성과는 우수한 학생을 얼마나 많이 유치하는가가 아니라 다양한 배경의 학생을 얼마나 우수한 인재로 길러내느냐로 평가되어야 한다.

진정한 능력주의를 위해서도 시험 서열주의는 타파되는 것이 맞다. 교육이라는 전쟁터에서 수단과 방법을 가리지 않고 싸우는 것은 개인적으로는 지극히 합리적인 행동이지만 사회 전체로는 엄청난 자원 낭비와 희생, 불공정과 불평등이 발생하는 죄수의 딜레마 상황이다. 죄수의 딜레마는 두 명의 용의자가 따로 심문을 받을 때 발생한다. 상대가 자백하지 않고 나만 자백하면 상대는 10년 형을 받고 나는 그대로 풀려난다. 반대의 경우라면 내가 10년을 살아야 한다. 모두 자백하면 각각 5년 형을, 모두 자백하지 않으면 각각 2년 형을 받는다. 상대와 소통하고 협력할 수 없다면 집합적으로 가장 합리적인 선택인 '모두 자백하지 않는' 일은 발생하지 않는다. 다수가 사교육을 자제하고 공교육이 정상화된다면, 그저 조금 더 빨리 배워 세워진 줄의 앞자리를 차지하기 위해 부모의 노후 자금과 자녀의 행복을 소모하지 않아도 될 것이다.

이 무모하고 소모적인 경쟁은 학력과 학벌로 인한 차별과 격차가 합리적인 수준으로 조정되기 전까지 입시 제도를 어떻게 바꿔도 결코 멈춰지지 않을 것이다. 따라서 무엇보다 교육 개혁을 막는 불평등한 노동시장을 바꿔야 한다. 현재와 같은 심각한 수준의 임금 격차가 존재하는 한 대학이 평준화되는 기적이 일어난다 해도 자신의 자녀를 다른 자녀와 구별 짓기 할 수 있는 다른 무언가를 찾아내 사교육비를 아낌없이 지출할 것이기 때문이다. 우리의 노사관계가 갈등이 높은 이유 중 하나는 단 한 번으로 평생의 계급이 결정되는 자녀의 시험 준비를 위해 어마어마한 교육비가 들어가기 때문이다. 여성의 경제활동 참여가 부진한 것도 공보육의 부족과 후진적 조직 문화에 더해 자녀의 입시 준비에 엄마의 전적인 지원이 필요하기 때문이다. 그런 희생을 치른 부모와 자녀는 더 많은 보상을 원할 수밖에 없다. 비록 실패한 다른 이들에게 상처와 모욕을 주고 비수를 꽂는 일이 일어난다 해도. 경제의 이중 구조를 감안할 때, 시험 서열주의를 주장해서 이득을 볼 수 있는 집단은 한정적이다. 왜 매 순간을 월드컵 토너먼트전처럼 살면서 극소수의 승자만 남는 이런 시스템에 아무리 노력해도 승리할 수 없는 다수가 동의하는 것일까? 장시간에 걸친 경험과 헌신이 직무 연관성이 떨어지는 순간의 시험 성적에 밀려 인정받지 못하는 현실이 종종 발생하는데도 말이다. 그것은 지금과는 다른 사회적 질서에 대한 희망이 없기 때문이다.

공정 대 공정: 비정규직의 정규직화라는 난제

오로지 시험으로 측정된 능력에 따른 처우가 공정하다는 인식은 우리 사회 비정규직, 혹은 정규직이 아닌 비정형 고용 형태에 종사하는 사람에 대한 차별을 차별로 인식하지 못하게 하는 가장 중요한 요인이다. 시험 서열주의에 수반되는 극심한 경쟁을 뚫고 명문대에 입학한 대학생이 간접고용 비정규직인 청소, 경비노동자의 학내 집회에 여러 소송을 제기하는 현실도 이러한 맥락에서 이해 가능하다. 한 사례로 2022년 여름에는 연세대 학생들이 청소, 경비노동자의 학내 집회를 학습권 침해 사유로 형사소송에 이어 민사소송까지 제기했다. 연세대 학생 소송 사건은 소송 그 자체보다, 그 과정에서 사용된 "학생들이 낸 등록금으로 먹고사는 청소노동자들"이라는 표현이 더 충격적이다. 청소노동자의 힘든 노동으로 깨끗한 환경을 누리면서도 누군가의 표현처럼 이들을 '아래'로 보는 것일 수 있기 때문이다. 학습권과 노동권이 동시에 침해될 때 어떤 권리가 우선시되어야 할까? 법원은 청소노동자들의 손을 들어주었다. 2006년 한국외대에서 유사한 사건이 발생했을 때 1심과 항소심 모두 파업은 어느 정도 학생과 학교의 이익을 침해할 수밖에 없다는 점을 들어 손해배상 청구를 인정하지 않았다. 2020년 대법원 판례에서는 원청에서 집회를 하다가 업무방해 등의 혐의로 기소된 한국수자원공사 용역 업체 청소노동자에게 무죄를 확정했다. 그런데 노동권이 더 우선시되어야 한다는 것은 단지 사법적 판단에서만 그러한 것이 아니다. 이 사안을 시공간적으로 확대해서 생각해보자면, 학습권은 대학 재학 기간에 한정해 학생의 이익을 보호해줄 수 있지만, 노동권은 대학 졸업 후 수십 년간의 직장생활에서 학생의 미래를 보호해줄 수 있는 권리다. 헌법에 보장된 이 중요한 권리가 어떤 사유로든 어떤 대상에게든 침식되어가는 현상은 바람직하지 못하다.

우리 사회의 능력주의, 혹은 시험 서열주의라는 신념 체계의 공고함이 가장 잘 드러난 대표적인 사례는 문재인 정권의 공공 부문 비정규직 전환 정책에 대한 청년들의 문제 제기였다. 우리 시대의 청년들은 시험으로 상징되는 무한 경쟁을 통한 성취야말로 최고의 선이며 유일한 가능성이라고 여기며 살아왔다. 형편이 어렵다면 취업을 위해 재수, 삼수를 감수하는 것은 엄청난 재정적 압박과 심리적 부담을 동반하는 일이다. 따라서 공개 채용이라는 시험 없는 전환 정책이 그들이 믿어왔던 공정 경쟁의 가치관에 심대한 균열을 일으켰던 것은 너무나 당연했다. 그렇지만 비정규직으로 일하는 많은 노동자도 똑같은 청년들이며, 그들 중 다수는 본인의 선택 바깥의 원인으로 인해 정규직으로 일할 기회를 박탈당하기도 한다. 가장 대표적인 비정규직 전환 사례였던 인천국제공항 보안검색요원의 정규직화를 둘러싼 논란을 살펴보자. 입사 후 저임금과 고용 불안 속에서 고된 노동을 감내하던 비정규직이 정규직화를 요구하는 것은 불공정할까? 상시 지속적인 업무인 만큼 지속적인 고용이 당연했겠지만 그렇게 처우받지 못했다. 정규직화를 하겠다고 낮은 임금에도 불구하고 다년간 헌신한 이들을 내몰고 시험을 더 잘 치를 수 있는 사람으로 채워넣는 것 역시 공정하지 못하다.

  박사 논문을 완성했던 1996년 가을, 당시 스탠퍼드대학에서 경제학을 가르치던 아오키 마사히코 교수는 내가 다니던 대학에 특강차 방문한 적이 있다. 미리 학위 논문을 보냈던 터라 한국과 일본의 노사관계에 대한 이런저런 이야기를 나누던 중 그때는 나름 신선한 제도였던 미국의 성과급제가 갑자기 이야기의 주제로 등장했다. 그때 어이없어했던 그의 표정을 잊을 수 없다. "그런 식으로 임금을 주면 숙련 노동자가 자기가 가진 기술과 지식을 나눌 이유가 사라지지 않을까? 일본에서는 절대 도입 안 될 것 같은데." 노사관계에서는 정답이 존재하지 않는다. 일견 합리적으로 보이는 제도도 다양한 한계를 노정한다. 핵심 소수 업무에만 정규직을 고용하고 나머지는 단기 계약직으로 채용하거나 외주화하거나 아니면 자동화하거나 그도 아니면 없애버리는 것, 과연 좋기만 할까. 정규직과 비정규직 간의 보이지 않는 갈등과 반목은 협업의 가능성을 배제한다. 간접고용은 이중의 관리 비용과 업무 조율의 어려움을 야기한다. 너무 낮은 임금을 주거나 자동화하여 일자리를 없애버리면 내수 시장에서의 구매력을 잃는다.

그렇다면 비정규직의 정규직화를 둘러싸고 이렇게 대립하는 두 의견이 모두 옳을 수 있는가? 그렇다. 공정과 공정이 날카롭게 충돌할 때 우리는 어떤 기준으로 정책을 결정해야 할까. 사회 전체의 효율이란 차원에서, 또 우리가 앞으로 지향해야 할 사회의 가치에 비춰 판단해야 한다. 인천공항에서 전환되는 일자리는 수백 시간의 교육을 이수하고 수년간의 경험을 가진 사람을 전환하는 것이 비용이 유발되는 채용 절차를 거쳐 인력을 새로 충원하는 것보다 더 나을 수 있는 업무다. 적절한 처우를 받는 좋은 일자리를 늘리는 것뿐 아니라 불필요한 경쟁이 완화된 사회를 원한다면 지금 실제로 일하고 있는 비정규직을 정규직으로 전환하는 것이 일자리의 정규직화보다 더 나은 대안이 될 수 있다. 하지만 동시에, 이러한 정책으로 공개 채용의 원칙을 어기게 된 것에 대해, 그리고 일부나마 외부 노동 시장에서 경쟁할 수 있는 일자리의 수가 줄어든 것에 대해 구직 중인 청년에게 양해를 구하고 대안을 모색해야 한다. 그리고 아마도 진정한 양해는 이러한 정책의 효과로 우리 사회에 질적인 변화를 가져올 수 있을 때 구해질 수 있을 것이다. 직무가 요구하는 것을 훨씬 뛰어넘는 수준의 스펙을 갖추어야 간신히 좋은 일자리를 구할 수 있거나 그나마 운이 없다면 구할 수 없는 상황을 어떻게 바꿀 수 있을까. 유사한 능력을 가지고 때로는 더 힘든 일을 하면서도 기업 규모에 따른 지불 능력 차이로 훨씬 더 적은 임금을 받거나 고용 불안에 시달리는 현실을 어떻게 바꿀 수 있을까. 많은 희생과 분열을 감수하고 추진된 정책임에도 불구하고, 이 정책은 공공 부문의 좋은 일자리에 비정규직 일부를 포함시키는 것 외에는 큰 진전을 보이지 못한 것이 사실이다.

비정규직에 대한 차별적인 저임금과 부당한 처우가 공공 부문뿐 아니라 사적 부문까지 포괄하여 시정되고, 제대로 된 더 많은 일자리를 확보할 수 있는 더 나은 대안이 나오지 않는다면 공정과 공정의 대립 속에 신분제처럼 고립된 비정규직은 계속해서 어려움을 겪을 수밖에 없다. 2014년 말 방영된 드라마 「미생」[13]에서 한때 바둑 영재였으나 프로 입문이 좌절되면서 원인터내셔널 영업 3팀에서 계약직으로 일하는 장그래는 그야말로 다채로운 비정규직으로서의 차별 경험과 그런 차별 속에서 해내야 하는 어렵고 힘든 업무로 수시로 좌절한다. "기억력이 있다는 것은 훌륭한 것이다. 그러나 진정 위대함은 잊는 데 있다. 하지만 잊을 수 있는 건 이미 상처가 아니다. 마주해야 한다. 그래야 살 수 있다. 이런 몸, 마음을 평생 짊어지고 갈 것인가? (…) 몸과 마음이 흉하게 되지 않게, 연민의 괴물이 되지 않게 하려면 스스로 문을 열어야 한다"라고 자신을 다그친다. 매우 현실적으로 비정규직의 어려움을 그린 것은 사실이지만, 현재의 눈으로 살펴본 「미생」은 낭만적이며, 그런 만큼 비현실적이다. 현실의 공고한 벽에 부딪히긴 해도, 능력 있고 끊임없이 노력하는 출중한 장그래는 결국 성공한다. 차별적인 제도와 관행의 막강한 장벽을 에둘러서라도 깰 수 있는 능력주의에 대한 헌사이기도 하다. 방영몇 년 후인 2018년 간접고용 비정규직에 대한 실태 조사[14]에서 밝혀진 사실은 정규직과 비정규직이 이렇게 서로 쳐다보며 일할 기회조차 없다는 것이다. 자동차 산업의 경우, 만연한 사내 하청이 불법 파견 판정을 받으면서 정규직과 간접고용 비정규직이 혼재하여 작업하던 일이 분리되어, 정규직이 하는 일보다 더 환경이 좋지 않고 어려운 일에 종사하게 되었다. 물론 라인만 분리되어 정규직이 하는 일과 동일한 일을 하는 경우도 있다. 정규직은 비정규직을 동료라고 생각하지 않으며, 그들의 처우에 무관심하다. 조선업은 힘든 업무가 더더욱 하청 비정규직에 집중되는 구조로 운영되며, 이들은 경력이 짧고 여러 곳을 옮겨다니다보니 작업 현장에 대한 지식이 부족해 더 많은 사고에 노출된다.

한동안 산업재해는 육체노동자의 전유물로 여겨졌다. 그러나 서비스업의 비중이 제조업을 압도하면서, 감정노동이 심해지고 정신 건강에 적신호가 켜지는 일이 점점 더 많아지기 시작했다. 불안정한 고용계약으로 여러 일자리를 전전하다보면 정신 건강상의 문제와 직무 간 연관성을 입증하기가 더 어려워진다. 2015년 예방의학 전문의이자 현재 노동건강연대 집행위원장으로 있는 김명희 박사와 함께 일하다 겪은 불평등한 경험이 우울 성향으로 측정된 노동자의 정신 건강에 미치는 영향을 분석한 적이 있다. 당시 내가 수행하던 한국연구재단 한국 사회과학연구지원사업SSK 중형 연구 과제에서 직접 작성한 질문지로 조사한 임금노동자 약 1000명의 응답 내용이 분석에 사용되었다. 우리는 불평등을 세분화하여 임금이나 사적인 복지 제공상의 불평등뿐 아니라 일하는 과정에서 맞닥뜨리는 근무 강도나 위험, 그리고 일상적인 처우 혹은 대하는 태도까지 총

네 가지 항목에 대한 응답을 각각 따로 분석했는데, 전체 응답자의 압도적 다수인 70~80퍼센트가 위의 네 차원에 있어 정규직과 비정규직은 불평등하다는 응답을 했다. 물론 비정규직의 불평등하다는 응답률이 정규직보다 높기는 했지만, 고용 형태별 차이는 미미했다. 정규직마저 일터에서의 비정규직에 대한 불평등의 존재를 인정한 것이다.[15]

이 중 가장 불평등하다는 응답이 높은 분야는 임금 수준으로, 80퍼센트 전후의 응답자는 불평등이 존재함을 인정했다. 상호관계적 차원의 일상적 처우 및 태도는 임금 다음으로 불평등하다고 여겨지는 영역이면서, 정규직과 비정규직 간의 응답 격차가 약 10퍼센트 포인트 차이로 가장 크게 벌어진 영역이기도 했다. 이는 기존에 잘 알려진 임금이나 소득 불평등보다 훨씬 덜 주목받은 미묘하고 제대로 포착하기 어려운 불평등의 영역이다. 물론 불평등이 늘 불공정이나 차별을 뜻하는 것은 아니다. 능력주의가 이미 충분히 확산되어 비정규직의 낮은 임금이 불평등한 것으로 인지되지 않을 수도 있고, 그렇다 해도 불공정한 것으로 여겨지지 않을 수도 있다. 임금 격차의 경우 특히 신자유주의적 이데올로기의 확산으로 불공정함에 대한 문제 제기가 용이하지 않으며, 또 조직의 동기 유인이나 효율성 등을 이유로 쉽게 정당화되어온 것도 사실이다. 그러나 이 연구는 이런 현실을 인정한다 해도, 그것이 늘 옳은 것은 아니라는 점도 함께 지적하고 있다. 과연 얼마만큼이 차별로 인한 불평등이고, 차별로 받아들여지지 않은 분배적 상황으로 인한 불평등인지 가를 수 있는 명명백백한 기준이란 없다. 그래서 "이 모든 것이 심각하게 주관적 판단의 영향을 받는 회색 지대로, 모든 형태의 불평등이 어떤 면에서는 불공정함과 공정함의 광범위한 스펙트럼상에 존재한다". 일상적인 처우 및 태도와 관련된 불평등은 차별로 인해 발생할 가능성이 크다는 점에서 이런 회색 지대가 가장 광범위할 수 있다.[16]

이 연구에서는 우울 수준을 측정하기 위해 CES-D10(Center for Epidemiological Studies Short Depression Scale) 지표를 사용했다. 지난 일주일을 기준으로 그 기간에 느낀 다음의 열 가지 감정을 얼마나 자주 느꼈는가를 측정해 우울증 여부를 판단하는 지표다. 가장 부

우울증 측정 10개 지표

- 상당히 우울했다.
- 무슨 일을 하든 정신을 집중하기가 힘들었다.
- 잠을 설쳤다(잠을 잘 이루지 못했다).
- 행복했다.
- 세상에 홀로 있는 듯한 외로움을 느꼈다.
- 사람들이 나에게 차갑게 대하는 것 같았다.
- 즐겁게 생활했다.
- 마음이 슬펐다.
- 사람들이 나를 싫어하는 것 같았다.
- 도무지 뭘 해나갈 엄두가 나지 않았다.

[표 1] CES-D10 우울증 측정 지표
자료: 이주희 · 김명희, 「일자리에서의 불평등 인식이 정신건강에 미치는 영향: 고용형태를 중심으로」, 『산업노동연구』 21(3), 2015, 161쪽, 〈표 2〉 재인용.

정적인 느낌이 높은 경우 3점, 가장 그렇지 않을 경우 0점의 점수를 할당해 최저 0점부터 최고 30점까지의 우울 점수를 계산할 수 있다. 10점이 넘으면 우울증으로 진단될 수 있다.

불평등 인식이 정규직과 비정규직의 우울 수준 차이에 미치는 영향을 회귀분석을 통해 알아본 결과, 비정규직이 정규직에 비해 우울 수준이 높았으며, 이 변수의 통계적 유의성은 추가적인 통제 변수를 포함시켜도 유지되었다. 네 가지 차원의 불평등 가운데 일상적 처우나 태도 그리고 위험 및 업무 강도와 관련된 불평등 경험이 비정규직의 우울 수준에 가장 지속적인 영향을 미치고 있는 것으로 나타났다. 정규직은 비정규직과 달리 불평등 인식에 따른 정신 건강상의 악영향이 분명하게 드러나지 않았다.[17]

이런 현실은 최근에도 유사하게 관찰된다. 한국여성노동자회가 20~30대 청년 여성 노동자 약 6000여 명을 대상으로 조사한 결과, 직업을 갖지 않은 경우, 일을 하더라도 월평균 임금이 낮은 경우, 이직 횟수가 높을 경우, 해고와 같은 비자발적 퇴사 경험이 있을 경우, 그렇지 않은 여성 청년보다 우울 정도가 높게 나타난 것으로 드러났다. 특히 우울 정도가 높은 응답자들을 따로 분석해 노동 이력을 살펴본 결과, 조직 문화가 성차별적이고 위계적인 직장 내 괴롭힘으로 퇴사한 경험이 있고, 이러한 비자발적 퇴사 때문에 이직이 반복되면서 실업 상태에 놓여 있었다는 점을 발견할 수 있었다.[18] 이런 현실에 비춰볼 때, 「미생」에서의 장그래 독백의 핵심은, 잊을 수 있는 것은 이미 상처가 아니란 말이다. 그리고 그 상처는 누구나 장

그래처럼 훌륭하게 극복할 수 없다. 공정이라는 시대정신은 평등의 에토스 안에서 구현되는 것이 맞다.

성별 임금 격차, 과연 차별이 아닐까?

한국의 성별 임금 격차는 2021년 기준 31.1퍼센트로, OECD 국가 중 1위였다. 가입 원년인 1996년부터 무려 26년간 1위 자리를 지켰다. 2등인 이스라엘은 24.3퍼센트, 일본은 22.1퍼센트, OECD 국가 평균은 12퍼센트에 불과하다.[19] 능력주의로 인해 성별 임금 격차는 종종 차별로 인지되지 않는다. 여성이 남성보다 노동 시간이 적고, 저임금 직종에 종사하며, 게다가 경력도 단절되기 때문에 임금 차이가 나는 것은 당연하다는 것이다. 맞는 말이다. 성별 임금 격차는 여성이 남성보다 적게 일하며, 임금 수준이 낮은 직종과 소규모 기업에 몰려 있고, 또 그 직종에서도 낮은 직급에 머무르고 있는 현상을 요약적으로 보여주는 수치다. 그러나 그 자체로 차별 여부를 논할 수는 없더라도, 임금 격차를 발생시키는 각각의 영역과 단계마다 다양한 차별이 작동하고 있기 때문에 이런 큰 격차가 발생했다고 볼 수밖에 없다. 결국 우리의 성별 임금 격차가 이처럼 크다는 것은 노동시장에 성차별이 만연하다는 현실과 완전히 분리해서 살펴볼 수 없다.

먼저 여성이 남성보다 노동 시간이 적다는 점에 대해 살펴보자. 한국처럼 초장시간 일하며 그로 인한 초과수당이 임금에서 상당한 비중을 차지하는 국가에서는 노동 시간과 임금이 밀접히 관련되어 있다. 하지만 통계청의 경제활동 인구조사에 따르면 남녀 취업자의 주당 평균 노동 시간은 2020년 기준 남성 41.5시간, 여성 35.6시간으로 임금 격차보다 훨씬 더 적은 차이에 불과하다. 게다가 왜 여성이 더 적은 시간 동안 일할까? 가구 내에서 여성이 가사와 양육의 책임을 과도하게 지고 있기 때문이다. 2019년 기준 한국 남성은 매일 49분을, 여성은 215분(3시간 35분)을 가사노동에 소비했다. 맞벌이 가구로 대상을 좁혀도 이 격차는 거의 그대로다. 맞벌이 가구의 남성은 54분, 여성은 187분(3시간 7분)을 가사노동에 투여했다.[20] 성별 임금 격차가 작은 국가, 예를 들어 스웨덴에서 남성은 171분(2시간 51분), 여성은 220분(3시간 40분)을 가사노동에 사용한다.[21] 한국에서는 가사노동의 성별 격차가 4배 이상인 데 비해, 스웨덴은 1.3배에 못 미치는 것이다. 또한 통계에 잡히지 않는 노동 시간도 존재한다. 남성은 주로 업무 시간 측정이 더 정확한 제조업에, 여성은 사회서비스 분야 돌봄 노동에 더 많이 종사하는데, 돌봄 노동의 경우 노동 시간에 포함되지 않는 노동이 많다. 남성의 초과근로는 임금으로 보상되는 반면 여성은 그렇지 못할 수도 있다는 것이다.

남녀 간 성별 직종 분리가 심해 서로 일하는 직종이 다르다는 것은 그 자체가 시정되어야 할 불평등의 영역이다. 물론 인적자본론을 주창한 경제학자 게리 베커[22]와 같이, 여성이 가사노동에 집중하는 경향이 크므로, 즉 내재적으로 남성과 다른 선호를 가지고 일 가족 양립이 가능한 덜 힘든 직무에 종사하기 때문에 임금이 낮다고 설명하는 사람도 있다. 그러나 경제학자 바버라 버그먼[23]은 차별이 예견되는 남성 일자리에서의 경쟁을 피해 여성들이 저임금 직종에 몰리는 과밀 현상, 즉 노동력 초과 공급으로 여성이 집중된 직무의 임금은 낮아진다는 이론을 전개한다. 버그먼과는 조금 다른 맥락이지만, 여성 업무의 탈가치화devaluation 현상으로 여성의 임금이 낮아진다는 이론도 차별의 가능성을 시사한다. 즉, 사회 전반적으로 확산된 성별 위계 체계가 조직 내로 침투해 여성 지배 직종의 경우 임금이 낮게 책정되는 경향이 있다는 것이다. 여성의 비중이 높은 직종에서 저임금이 일반적인 현상은 기술 수준이나 인적자본과 같이 임금에 영향을 미치는 다른 요인들을 통제한 후에도 관찰된다.[24] 여성의 내재적 특성이나 자발적인 선호와 같이 노동력 공급 차원의 문제를 강조하는 이론의 문제점은 이것이 노동력 수요 차원의 문제와 서로 얽혀 있다는 현실을 무시한다는 것이다. 즉, 노동력의 수요자인 사용자가 여성을 저임금 직무에만 고용하려 하고 승진상의 차별 역시 존재한다면, 공급자인 여성은 반 자발적으로, 더 정확히는 반강제적으로 인적자원 개발에 대한 욕구가 제한되면서 저임금 직무에 대한 선호를 갖게 될 수밖에 없다.

실제로 성별 임금 격차는 남녀가 서로 다른 일자리에서 일하기 때문에 발생하는 경우가 가장 많다. 아직도 우리나라에는 고용에서의 직접차별 사례가 넘쳐난다. 가장 대표적인 예가 전자산업 기업인 케이이씨KEC 사례다.[25] 케이이씨는 고졸 생산직 직원을 고용할 때 여성 직원은 가장 낮은 J1등급으로, 공고 출신 남성 노동자는 최초 등급을 이보다 높은 J2로 부여했다. 이 회사에 근무하는 김양미씨

(가명)는 공고 출신 여부와 상관없이 모든 남성 직원은 J2, 여사원은 공고 출신이어도 J1로 시작한다는 점을 지적하고 있다. 이런 입직구에서의 차별은 자연스럽게 승진에서의 차별로 이어진다. 20년 이상 재직자 총 108명 중 생산직군에서 J등급 위의 S등급으로 승진한 여성은 단 한 명도 없어, 52명의 여성 모두 J등급에 머물러 있다. 반면 J등급으로 들어온 56명의 남성 전원은 S등급 이상으로 승진했다. 심지어 같은 전산 출고 지시 일을 해도 20년 이상 근무한 여성 직원은 J3등급인데 7년 차인 남성 직원은 S4등급인 경우도 있었다. 기업 측에서는 생산직 승격의 핵심 요소가 경정비 능력(설비 능력)이라고 하지만, 이 사건을 조사한 국가인권위원회는 경정비 능력이 승격에서 이처럼 현저한 남녀 격차를 유발할 정도로 특정한 직무라고 보기 어렵다는 의견을 제시했다.[26] 이런 입직구와 승진상의 차별은 결국 이 기업에서 심각한 수준의 남녀 간 임금 격차를 유발한다.

마지막으로, 과연 경력 단절이 성별 임금 격차를 온전히 설명할 수 있는 원인인지 살펴보자. 청년층에서는 군대에 가야 하는 남성이 오히려 여성에 비해 더 불평등한 처지에 있다는 인식이 확산되어 있지만, 김창환·오병돈의 연구[27]는 이를 정면으로 반박한다. 경력 단절이 발생하기 전인 대졸 20대 청년층의 졸업 직후 성별 소득 격차를 분석한 결과, 출신 대학, 세부 전공, 학점, 해외 어학 연수 여부, 출신 고교 계열 등 모든 측정 가능한 인적자본 변수를 통제한 이후에도 졸업 직후 여성 청년의 소득이 남성보다 17.4퍼센트 낮았다. 세부 변수를 통제하기 전에 군 복무에 따른 연령 차이 외에 다른 인적자원 차이가 없는 경우의 격차는 19.8퍼센트로, 정밀하게 능력을 측정하는 주된 지표가 되는 모든 세부 변수는 이 격차의 겨우 2.4퍼센트 포인트밖에 설명하지 못한 것이다.

　이러한 연구 결과는 전혀 놀랍지 않다. 비정규직 보호법이 여성 노동자의 고용 안정에 미친 영향을 살펴본 내 논문[28]도 유사한 함의를 가지고 있다. 2007년 도입된 비정규직 보호법은 비정규직에 대한 차별을 금지하고, 특히 2년 이상 일한 기간제 노동자를 정규직화할 것을 요구했지만, 현실에서는 전혀 다르게 작동했다. 비교 가능한 정규직 업무가 있는 소수의 정규직과 유사한 인적 특성을 가진 노동자만 정규직화되었고, 나머지는 외주화, 초단기간 계약, 해고 등의 편법을 통해 고용 조건이 더 하락하는 경험을 했다. 즉, 인적자본 수준이 높은 경우 그 보호 효과가 인정되었지만, 그로 인해 비정규직 내에서도 격차가 더 벌어졌음을 뜻한다. 조직 내 여성 노동자에 대한 차별적 관행 역시 지속되었다. 그 방식만 더 교묘해졌을 뿐이다. 여러 유관 요인을 통제한 후 비정규직 보호법이 고용 안정성에 미친 영향을 여성과 남성을 분리해서 살펴본 결과, 교육 수준의 향상이 안정된 일자리를 가질 개연성을 높이는 현상, 즉 고학력일수록 고용 안정성이 보장되는 일자리를 갖는 추이는 남성 대졸자 이상에게서만 관찰할 수 있었다. 이는 인적자본론의 기본 가정이 여성 대졸자 이상에게는 적용되지 않음을 의미한다.

　성별 임금 격차를 가져오는 차별에 둔감한 결과 우리 사회에서는 여성에 대한 잘못된 인식이 광범위하게 존재한다. 서울 소재 한 대학의 남학생이 익명으로 어떤 커뮤니티에 작성한 글이다. "남자가 우대받는 이유: 남자가 하는 강도 높은 현장 업무나 사무직에서 무거운 거 나를 때 여자는 못 함. 또한 조직생활 체계를 이해 못 하고 징징거림. 남자는 군대에서 겪어서 O같아도 견딤. 여자는 조금만 부조리 겪어도 징징거려서 회사 분위기나 큰 업무에 타격을 줌." 여성은 이렇고 남성은 저렇다, 이런 판단을 우리는 고정관념^{stereotype}이라고 한다. 보통 근거 없는 판단이기 쉽다. 생각을 조금만 넓혀보면, 사회에서 다수자 지위에 있는 한국 남성도 서구에 가면 이와 유사한 근거 없는 판단에 의해 차별의 대상이 될 수 있다는 것을 알 수 있다. "아시아 남성은 여성을 존중하지 않고, 수학은 잘할지 모르겠지만 운동은 못하고, 전문가가 될 수는 있겠지만 관리직이 될 자질은 서구인에 비해 부족하다"는 말은 앞서 살펴본 남자가 우대받는 이유, 혹은 여성이 차별받는 이유와 쌍둥이처럼 닮아 있다. 이전에는 여성은 교육을 받을 필요조차 없다는 고정관념도 있었다. 지금은 그런 말을 하는 사람을 찾기 어렵다. 역사는 이런 잘못된, 불평등한 고정관념에 적극적으로 저항하는 사람들에 의해 좀더 공정하고 평등하게 진보해왔다. 따라서 지금은 우리가 신봉하는 능력주의에 드리운 차별의 그림자를 찾아내 지워가는 일을 시작할 때다. 이런 현실을 타개할 희망을 나는 성차별에 저항하는 여성 청년과 이를 이해하는 남성 청년들에게서 찾는다. 지금과 같은 기계적인 능력주의는 결코 집단으로서의 여성 전체에 유리하지 않으며, 장기적으로는 남성 전체에게도 마찬가지다.

제6장

'다중균형 사회'의 일하는 여성: 적응

능력주의와 같은 신념 체계화한 거대 담론 외에도, 우리가 차별을 자연스럽게 받아들이게 만드는 수많은 장애물이 있다. 특히 성차별의 경우 그 장애물은 우리가 살아온 삶 자체가 된다. 구조적 제약 속에서 개인이 자신만의 과제를 어떻게 성찰하고 수행해나가는가를 탐구한 마거릿 아처가 외부순응적 대응communicative reflexives이라 명명한 성찰성이 작동하면 외부 환경적 맥락에 큰 문제 없이 맞춰 살면서 변화보다는 안정을 추구하며 정치적인 행위에 관심을 잃게 된다.[1] 그것은 이들이 차별이나 불평등을 인지하고 진단하지 못해서라기보다는 정치적 행위를 통해 얻을 수 있는 만족보다 더 큰 만족을 얻을 수 있는 자신만의 미시적 삶을 구축하는 데, 즉 현재의 삶에 적응했기 때문이다.

베커 균형과 성평등 균형

'다중균형 사회'는 요스타 에스핑 안데르센이 『끝나지 않은 혁명*The Incomplete Revolution*』[2]에서 현재의 불완전한 성평등 현실을 묘사하기 위해 사용한 용어다. 다중균형은 서로 경쟁하는 행위 기준, 혹은 헤게모니적인 규범 질서가 존재할 때, 즉 남성 생계부양자와 가정주부 여성, 다자녀로 구성된 안정된 전통적인 가족주의 균형과 여성의 노동시장 참여 및 가사노동의 평등한 분담 등이 특징인 성평등 균형이 한 사회에 공존할 때 발생한다. 에스핑 안데르센은 앞서 언급한 전통적 규범을 이론화하여 널리 알린 경제학자 베커의 이름을 따서 베커 균형이라 명명했다. 다중균형 상태는 어느 한쪽이 우세하거나 압도적이지 않아 마치 두 개의 태양이 있는 것처럼 사회의 불안정 요인으로 작동한다. 안타깝게도 낮은 출산율과 같은 최적 이하의 결과를 가져오는 '불안정한 균형' 상태인 것이다.

그래도 성평등 균형이 베커 균형과 비등하게 우세한 서구와는 달리, 우리나라에서는 성평등 균형이 젊은 여성을 중심으로 상대적으로 협소하게 존재하고 있다는 점에 주목할 필요가 있다. 사회 전체적으로는 베커 균형이 우세하지만 젊은 여성에게는 성평등 균형이 우세한 것이다. 불안정할 뿐 아니라, 한 측이 이처럼 미약하다는 점에서 정치적으로 악용될 우려까지 추가된다. 이런 불균형 상태를 요약적으로 보여주는 것이 만 19세 이상 64세 미만 여성을 대상으로 실시된 2020년 '여성가족패널조사 8차년도'의 관련 자료를 담고 있는 [그림 1]이다. 결혼은 반드시 해야 한다는 데 20대 이하 여성 23

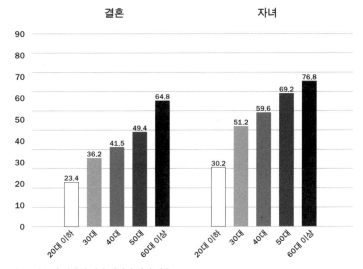

[그림 1] 결혼 및 자녀에 대한 연령별 찬성 비율
자료: 주재선 외, 「2021년 여성가족패널조사」, 한국여성정책연구원 연구보고서, 2021, 85쪽,
〈표 Ⅲ-33〉 내용 일부 재구성

퍼센트만이 찬성하고, 30대에서도 찬성율은 36퍼센트에 불과했지
만 60대 이상에서는 65퍼센트가 찬성하고 있다. 자녀는 반드시 있
어야 한다는 의견에 대해서도 비록 찬성하는 비중이 좀더 증가하긴
했지만 유사한 추세가 발견된다. 앞으로 출산율을 좌우할 20대 이하
여성의 30퍼센트만이 이에 찬성한 반면, 60대 이상에서는 압도적
다수인 77퍼센트가 찬성했다. 20~30대 여성은 대신 '결혼보다는 나
자신의 성취가 더 중요하다'와 '남자는 직장, 여자는 가정을 이상적
이라 생각하지 않는다'는 문항에 훨씬 더 많은 찬성 의견을 드러냈
다. 50~60대 여성에게서는 많이 발견되지 않는 의견이다.[3]

'다중균형 사회'의 일하는 여성: 적응

저출생의 원인은 계층별로 차이를 보인다. 중·하층에서는 비정규직의 확산으로 인한 고용 불안정과 양육 비용이 큰 원인으로 작용한다. 대다수 여성은 저임금직에 고용되어 있는데, 공보육이 부족한 현실에서 이는 다시 여성의 고용률을 낮추는 악순환으로 이어진다. 비싼 양육 비용을 감내하며 승진 기회도 없는 저임금직에서 일하느니 차라리 직접 육아를 담당하는 것이 가족의 총소득을 최대화하는 데 도움이 되기 때문이다. 불안정한 저임금 직무에 격리된 여성들이 자녀 양육으로 인한 기회비용 때문에 출산하기 어렵다면, 고소득·고학력 여성들은 승진 등 개인의 경력 개발에 해가 되는 일을 하지 않기 위해 출산을 기피할 수 있다. 이것이 여성이 다중균형 사회에서 적응하는 방식이다. 고학력인 소수의 여성은 이미 남성화된 생애 주기를 살고 있다. 조직에서 가사와 육아의 일차적 책임을 지는 여성을 차별하는 한, 여성이 계속해서 단독으로 이 책임을 맡으려 하지 않을 것이며, 이는 저출생으로 이어진다. 성평등한 조직 문화의 확산과 함께 에스핑 안데르센이 제안한 남성 생애 주기의 여성화, 즉 가정에서의 평등한 가사와 양육 분담밖에는 이를 해결할 답이 없다.[4]

근거 없는 정치 공작의 산물이었던 지역주의와 비교해 보수 정치권의 성별 갈라치기는 부분적이지만 물적 토대를 가진다. 소수 정치 엘리트 청년에 의해 성차별을 포함한 사회의 모든 불평등을 위장하는 핵심 도구로 키워져온 능력주의 담론이 있기 때문이다. 여성가족부 폐지가 남성에게만 소구력 있는 전략이었다면 보수 정치가 이처럼 전면적으로 이용하진 않았을 것이다. 능력이 있어도 차별받아왔던 여성에게 공정한 경쟁은 무엇보다 소중한 가치다. 그러나 엄격한 차별 시정이 수반되지 못하는 현실에서의 능력주의는 허구적 논리에 불과하다. 차별의 존재 자체를 부인하면서 공정한 경쟁을 주장한다? 모든 것이 개인의 능력에 달렸으니 노동시장에서 우월한 젠더인 남성과 똑같이 행동하기만 하면 될까? 이미 살펴본 바와 같이, 남성이 가정에서 여성과 똑같이 역할 분담을 해주기 전까지는 불가능한 일이다. 그렇게 행동할 수 있는 충분한 경제적 자원을 보유한 여성은 극히 소수이며 설사 비슷한 자리까지 올라간다 해도 그들의 봉건적 세계관 아래서 이등 시민의 명찰을 떼기 어렵다.

그렇다면 남성은 이 게임의 승자인가? 모든 남성이 가부장의 특권을 누리는 것은 아니다. 생계부양자의 모든 짐을 혼자 지고 사는 것은 결코 쉬운 일이 아니다. 가혹한 장시간 노동 끝에 목숨을 잃은 노동자의 사연이 연일 보도되어도, 그 가슴 아픈 사연은 매번 빠르게 소모되고 그 사실은 빠르게 잊힌다. 교묘한 원청 대기업의 책임 회피로 노동을 하지만 노동자로 인정받지 못하고 산재 처리도 받지 못하는 이런 부당한 구조는 잠시 눈에 띄는 사건 제목 뒤에 숨죽이고 있다가 늘 다시 어둠 속으로 가라앉았다. 고학력 여성의 고질적인 승진 지체와 저소득 불안정 남성 노동자의 잇따른 과로사, 얼핏 전혀 관련 없어 보이는 이 두 현실은 일터에 아직도 만연한 가부장적 권위주의와 장시간 노동이라는 동일한 기제들을 공유한다. 여성의 희생을 당연시하는 보수적 가족주의가 일터에서도 맹렬히 작동할 때 노동자는 부당한 처우에 저항할 힘을 잃고 사회는 그러한 저항을 무시해버린다. 가족을 위해 모든 것을 희생하는 여성의 미덕과 직장을 위해 모든 것을 희생하는 노동자의 미덕은 동전의 양면일 뿐이다. 장시간 노동은 가사와 육아의 부담을 더 많이 지고 있는 여성의 경력을 단절시키고, 남성이 공평하게 돌봄에 참여하기 어렵게 만든다. 모든 것을 일터에 바치기에는 다른 부담이 너무 많은 여성을 보이거나 또는 보이지 않게 차별하는 것은 생산성을 고려한 합리적 선택으로 포장된다. 그 사이 장시간 노동에 시달리는 남성은 가족과 소중한 시간을 함께할 권리를 박탈당한다.

여성에 대한 차별과 노동에 대한 억압 모두 가부장제와 자본주의라는 독립적인 내적 동력과 기제를 가지고 있는 서로 다른 차원의 문제다. 그러나 여성이 불안정한 저임금 일자리에 집중되는 현실에서는 성차별의 극복 없이 평등한 노동은 존재할 수 없으며, 노동 문제의 해결 없이 성평등을 성취할 수도 없다. 순수한 의미의 자본주의 자체는 성차별에 무관심할 수 있으나, 시장 우선주의가 주장하는 작은 정부와 기업 감세는 보육과 같이 평등을 촉진할 수 있는 필수적인 공공 서비스에 필요한 예산 확보를 어렵게 만든다. 시장에서 고가의 보육 서비스를 구매할 수 있는 여성을 제외한 대다수 평범한 여성의 경제활동이 위축되는 한편, 육아의 질은 첨예하게 차별화되고 아동기 불평등도 악화한다. 자본주의는 진공 상태에서 존재하지 않는다. 가부장제가 지배적인 사회적 맥락에서 작동하는 자본주의 아래서는 노동자를 분열시켜 연대감을 훼손하기 위해 여성의 저임금 및 비정규직과 같은 노동시장에서의 외부자 지위를 선호하는 기득권 세력이 있으며, 이들이 존재하는 한 저출생 고령화의 가속화 경향에도 불구하고 여성의 평등한 노동권 확립을 통한 지속 가능한 성장 논리가 제대로 작동할 가능성은 매우 낮다.

따라서 불안정한 다중균형 상태를 깨고 성평등 균형이 주도적인 사회를 만들기 위해서는 기존 여성 정책과 관련된 근본적인 패러다임 전환이 필요하다. 여성 친화적 일자리를 제공하겠다는 노력은 질 낮은 일자리에의 여성 집중을 가져와 고용상의 성평등을 오히려 제한하는 문제를 일으키기도 했다. 이런 맥락에서 여성가족부를 성평등부나 성평등가족부, 더 바람직하게는 성평등정의부로 개편하는 것은 의미 있는 개선이다. 성별과 무관하게 모든 시민이 일과 돌봄을 병행할 수 있도록, 남성이 돌볼 수 있는 자유와 여성이 일할 수 있는 자유를 동시에 제고하려는 시도가 성평등한 복지국가의 새로운 패러다임으로 자리잡혀야 한다. 또한 비록 겉으로는 성 중립적이지만 성평등에 긍정적인 영향을 미치는 다양한 정책에도 관심을 기울여야 한다. 예를 들어 기본소득은 소득이 없거나 적은 여성의 가정 내 교섭권을 높이고 유급노동과 가사 사이의 선택의 자유를 조금 더 확장해갈 수 있다. 지나치게 이상적으로 여겨지는가? 현실의 벽을 넘어 우리가 진전할 수 있게 해온 소수 의견의 대다수는 당대에 미친 생각들로 여겨졌다.

조직 내 이등 시민과 토큰

로저베스 캔터는 『기업 조직의 남성과 여성*Men and Women of the Cor poration*』[5]에서 한 미국 대기업에 대한 5년간의 치밀한 조사를 통해 여성에 대한 다양한 차별과 불이익을 밝혀낸 바 있다. 무려 40여 년 전인 1977년 미국에서 쓰인 책이지만, 현재 한국 기업에 적용해서 생각해봐도 좋을 내용으로 구성되어 있다. 그만큼 우리 사회의 기업 조직 내 성평등의 진전이 더딘 탓이기도 하다. 이 책의 분석 대상인 기업은 현재까지도 철저하게 익명으로 남아 있으며, 저서에서는 인 드스코Indsco, Industrial Supply Corporation라는 약자로 언급된다. 고용인이 5만 명에 이르는 대기업으로, 본사에 3000명이 근무하고 있었다. 여성의 비중은 16퍼센트에 불과하며 유색 인종도 9퍼센트 정도다. 고용된 여성은 대부분 낮은 직위의 사무직과 비서로 근무하고 있었다.

캔터가 교수직을 시작하던 1960년대 후반은 미국에서 일하는 여성이 본격적으로 증가하던 시기였다. 당시 미국에서는 이에 대한 반발로 "여성은 성공을 두려워한다" "아무도 여성 상사를 원치 않는다" "여성은 다른 여성과 잘 어울리지 못한다(여성의 적은 여성이다)" 등 일하는 여성을 비하하는 담론 역시 한창 확산되고 있었다. 그녀는 책 출간 40주년을 기념하는 로빈 일리와의 2018년 인터뷰[6]에서 이처럼 미디어에서 여성을 폄훼하는 말들에 동의할 수 없었기 때문에 이 연구를 시작했다며 저술의 계기를 털어놓았다. 이런 담론이 틀린 이유는 '여성'이 아닌 '기업 조직과 사회에서의 위계 구조의 본질'이 문제의 핵심이기 때문이다. 여성이 아닌 제도와 자기충족적

순환 구조, 그리고 구조와 행위의 상호작용 문제다. 즉, 문제는 여성이라는 개인의 속성이 아니라 조직 구조 내에서의 지위, 그리고 그 지위가 과연 어떤 기회를 제공하거나 제공하지 않느냐는 것이다. 이 책의 가장 핵심적인 주장이기도 하다.

왜 인드스코의 여성은 관리직으로 승진하기가 이렇게나 어려운가를 설명하기 위해 캔터는 조직 내 위계 구조에서 앞으로 나아갈 기회가 막힌 사람에게 주목한다. 그중 대표적인 사례가 직무 자체의 특성으로 인해 진급할 가능성이 거의 없는 비서다. 인드스코의 비서가 승진할 수 없는 이유는 잘하면 잘할수록 그 자리에서 계속 필요한 사람이 되는 상황에서 당시 미국에서 적극적 조치 제도가 도입되었음에도 관리직이 이런 변화에 저항하며 익숙한 비서와 계속 함께 일하고자 했기 때문이다. 캔터는 이동 기회가 막힌 비서에게서 성공하고자 하는 욕구에 저항하는 동료끼리의 연대감을 발견했다. 승진이 거의 불가능한 상황에서, 이들은 처음부터 승진을 원하지도 않았다는 무관심한 태도와 포기하는 방식으로 이 상황에 적응했다. 이런 반응은 승진에 부적합한 성별이라는 인상을 강화하며 진급할 기회가 다시 사라지는 자기충족적 순환 구조를 이끌어낸다. 이처럼 긍정적인 의미로 무언가 할 수 있는 권력을 가질 기회를 박탈당한 비서는 같은 비서직의 여성 동료와의 반反성공 연대의식을 더 부추기는 열등감과 함께 불안함, 그리고 자신이 무가치하다는 패배주의적 감정을 가질 수 있다. 이런 감정은 비서직에서 탈출해 승진한 동료에 대한 비판을 불러오며, 이들의 지지를 받지 못하는 성공한 소수의 여성

은 이들과의 동일시를 멈추고 새로운 정체성을 찾아 떠나게 된다.[7]

이런 상황은 우리 현실에서도 쉽게 관찰된다. 금융권은 구조화된 성차별이 만연한 곳이다. 최근까지도 서류전형 단계부터 남녀 비율을 4대 1이나 7대 3으로 정하고, 합격권 내 여성을 탈락시키는 사례가 빈번하게 있었다.[8] 대신 간접차별의 혐의가 짙은 분리 직군제를 활용해 승진 가능성이 가장 낮은 하위 직군에 절대다수의 여성을 배치해왔다.[9] 앞서 제5장에서 살펴본 승진상의 성차별이 심각한 수준이었던 케이이씨 사례도 마찬가지다. 케이이씨는 생산직 제조 직렬 노동 현장에서 남녀 구분 없이 함께 근무하고 있음에도 여성을 처음부터 '여사원'으로 분리 채용하고 직급 부여와 승격 과정에서 차별적인 처우를 하고 있다.[10] 그래서 여성 노동자는 수십 년간 같은 등급에 머무른 채 승진을 기대할 수 없는 상태에 있다. 이런 경우, 차별이 아니라고 변명하는 회사의 인사 담당자는 주로 이 여성들이 "의욕이 없고 승진할 자질이 없다"는 의견을 제시하는 경향이 있다. 물론 과연 이 여성들이 그러한가는 경험적 분석의 대상이지 속단할 수 있는 일은 아니겠지만, 캔터의 책을 살펴본 우리는 여기서 다시 질문하지 않을 수 없다. 수십 년간 뭘 어떻게 해도 승진할 수 없다면 과연 누가 의욕을 가지고 열정을 보여줄 수 있을까? 여성이 승진을 위해 적극적이지 않은 이유는 기회가 주어지는가 그렇지 않은가의 문제와 연동되어 있다.

캔터는 인드스코의 비서가 여성이기 때문에 그런 것이 아니라는 점을 보여주기 위해 승진에서 도태되거나 경쟁에서 진 남성 관리자도 이들과 유사한 감정과 태도를 가지고 있음을 설득력 있게 제시하고 있다. 이들은 진취적인 일을 하지 않고, 특히 여성과 소수자에게 강한 반감을 드러낸다. 남성이든 여성이든 이동 기회가 없는 사람들에 대해 캔터는 조금 가혹한 평가를 하는데, 이런 관료적 위계 체제하에서의 무권력 상태가 상당히 부정적인 심리 상태와 결과를 낳는다는 것이다. 조직 내의 이등 시민으로 무력감을 느낄 때, 보호 및 방어 수단으로서 자신이 맡은 제한된 업무 내에서 지배적인 태도를 드러낼 수도 있다. 항상 조심스럽게 위험을 기피하며 안전하게 규칙만을 엄격하게 따지는 태도는 기회가 없는 사람의 특징이지 여성의 특징이 아니다. 같은 맥락에서 남성 선호는 남성에 대한 선호가 아니라, 무언가 할 수 있는 역량과 권력에 대한 선호에 다름 아니다.[11]

그렇다면 관리직으로 승진하는 소수의 여성은 문제가 없을까? 이에 대한 답을 하는 과정에서 캔터는 '숫자'에 주목한다. 인드스코의 여성 관리직 비중은 매우 적어 85대 15 정도로 편향된 집단에 속하는데, 여기서 15에 속하는 사회적 카테고리, 즉 여성은 토큰token으로 살게 된다. 적어도 여성 내에 연대가 가능해지려면 65대 35 수준으로 여성의 수가 늘어나야 한다. 캔터는 [그림 2]에서 나타난 0의 사례를 들어 토큰으로 살아남은 여성의 문제점을 설명한다. 즉, 토큰의 상황은 9개의 X와 1개의 0이 있는 상황과 비슷하다. 여러 X 가운데 혼자 살아남은 0은 X와 달라 무척 눈에 띄는 동시에, X들에게 묻혀 잘 보이지 않는다. 0과 대조되는 덕분에 X들은 서로의 차이점이 최소화되며 비슷해 보인다.[12]

X X x x X X O X x X

[그림 2] 토큰이 어려운 상황에 처하게 되는 이유: 캔터의 관점
자료: Kanter(1977), *Men and Women of the Corporation*, p. 210.

실제 상황에서도 인드스코의 소수 여성 고위직은 계속해서 주목받으며 검증의 대상이 된다. 가만있어도 존재 자체로 눈에 띄지만, 자신이 속한 성별에 대한 스테레오타입을 넘어 성과를 알리기 위해서는 더 열심히 일해야 한다. 하지만 일을 뛰어나게 하면서도 동료 남성들의 불만이나 적개심을 불러일으키지 않는 미묘한 정치적 균형에도 신경을 써야 한다. 캔터는 이런 토큰이, 여성임에도 불구하고, 남성 중심적인 조직 문화를 지켜주는 도구가 될 수 있다고 주장한다. 왜냐하면 토큰은 자기가 속한 사회적 카테고리의 여느 여성과는 다른 누군가라는 사실을 끊임없이 증명하며 살아야 하기 때문이다. 지배적인 사회적 카테고리, 즉 남성으로부터 차별을 받고 있지만, 그런 차별이 없다는 듯 행동해야 한다. 자기가 속한 집단의 대표이면서 동시에 자기가 속한 집단의 예외가 되어야 하는 모순적 상황이다. 자기가 속한 사회적 카테고리이지만 자신처럼 승진할 수 없었던 다른 여성들과의 연대도 불가능하다. 자신과 같은 사람을 싫어하게 되는 감정의 심리적 비용은? 자기혐오도 그 대가일 수 있다.[13] 토큰으로 적응하는 것을 멈추고, 차별이 있으며 이 차별이 시정되어야 한다고 말할 수 있을 때 자기혐오라는 심리적 손상의 치유가 시작될 수 있지만, 토큰의 지위에서 쉽게 할 수 있는 일은 결코 아닐 것이다.

캔터가 이 책을 통해 전하려 한 가장 중요한 메시지는 이런 구조적 차별을 개개인으로서의 여성이 자신의 능력을 계발하려는 노력만으로는 극복할 수 없다는 것이다. 조직 내에서 남성과 여성이 다르게 보이는 것은 실제로는 이들이 마주한 구조적 조건이 다르기 때문이다. 따라서 조직에서의 "기회 구조는 여성이라는 사회적 카테고리 전체에 개방되어야 한다".[14]

유리천장, 혹은 경력 단절에 적응하기

유리천장은 여성을 포함한 사회적 약자의 자질과 상관없이 조직 내에서 그들의 승진을 막는 보이지 않는 장벽을 의미한다.[15] 제닌 백스터와 에릭 올린 라이트는 좀더 구체적으로 이를 n직급에서 $n+1$직급으로 승진할 확률의 남녀 격차가 n이 높아질수록 더 커지는 현상을 이르는 것으로 정의한다.[16] 한국은 2013년 영국 『이코노미스트』지가 조사를 시작한 이래 유리천장지수가 OECD 국가 중 최하위를 벗어난 적이 없다. [그림 3]이 이 심각한 현실을 잘 보여준다. 2020년 OECD 국가의 상장 대기업 평균은 26퍼센트이며, 프랑스와 노르웨이 등 이 지수가 우수한 국가의 경우 여성의 비중이 40퍼센트를 넘긴 데 반해 우리는 상장 기업 여성 임원 비중이 2021년 겨우 5퍼센

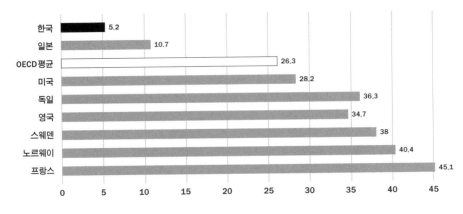

[그림 3] 상장 (대)기업 여성 임원 비중, 2021년(한국) 및 OECD 국가(2020년) 비교
자료: OECD Statistics, Employment: Female share of seats on boards of the largest publicly listed companies. stats.oecd.org/index.aspx?queryid=54753, 한국 제외 모든 국가 2020년도 자료;「2021년 상장법인 여성 임원 비율 5.2%」, 여성가족부 보도자료, 2021년 8월 5일.

트 남짓에 불과했다. 우리와 유사하게 성평등이 뒤처진 국가로 평가되는 일본도 11퍼센트로, 우리의 두 배가 넘는다.

기업뿐 아니라 공직의 유리천장 역시 공고하다. OECD 국가 평균은 30퍼센트를 웃돌지만 우리는 2021년 여성 고위 공무원 비율이 처음으로 10퍼센트에 다다랐을 뿐, 지자체나 특정 부처에서는 10퍼센트에 못 미치는 곳도 발견된다. 법조계의 유리천장도 심각한 수준이다. 변호사나 검사, 판사의 여성 비중이 점차 늘어나고 있는 것은 사실이지만, 법조계 고위직에서의 대표성은 아직도 낮다. 판사의 경우, 마치 여성 고위 공무원의 비율이 여성 장관의 비율보다 낮은 것처럼, 20~30퍼센트대에 이르는 대법관의 여성 비율보다 고등법원 부장판사의 여성 비율이 더 낮다. 2019년 기준 평판사 가운데 여성은 40.4퍼센트에 이르지만, 지방법원 부장판사 중 여성의 비율은 19.7퍼센트, 고등법원 부장판사는 4.3퍼센트에 불과했다.[17] 최고위직의 여성 비중이 높은 이유는 좀더 가시적인 임명직에서는 그나마 성별 안배에 대한 압력이 작용해서다. 내부로부터 승진해야 하는 조직 내 고위직에서의 유리천장은 아직도 깨지지 않고 있다.

이런 상황에서 유리천장을 깬 여성들은 과연 어떤 경험을 했을까? 지금은 김영란법으로 더 유명하지만, 2004년 최초의 여성 대법관으로 임명된 김영란 대법관은 어쩌면 우리나라에서 가장 깨기 힘든 유리천장을 깬 여성이라고 할 수 있다. 2010년 세계여성법관 회의의 서울 개최를 계기로 여성 판사의 유리천장이 부각되었을 때, 김영란 대법관과 인터뷰할 기회가 있었다. 조직에 순응하며 유리천장을 마주해야 했던 경험으로부터 얻은 소수자 감성에 기반해 사회에 의미 있는 변화를 가져온 김영란 대법관은 또한 가장 생산적으로 유리천장을 깬 사례이기도 하다. 후배 여성 판사들이 자신보다 더 나은 환경에서 제대로 일할 수 있기를 바라며 김영란 대법관이 함께 나눠준 경험은 다음과 같다.

이주희: 겉으로는 완벽하게 성공했는데, '감춰진 실패자'라는 생각을 하셨던 것인지?

김영란: 대법관이 되기 직전까지는 그런 느낌을 가지고 살았다.

남이 아무리 높게 봐줘도 내 마음속엔 결핍감이 있었다. 생각해봤더니 그런 마이너적인 감성이 도움이 되었다. 주류 사회에서 남자들은 메이저이지만 여자라는 것 자체가 마이너이지 않은가? 나에게 마이너적 감성이 있다는 것이 지금의 나를 만들어준 중요한 요소 중 하나였다는 것을 대법관이 되고 나서 비로소 받아들이기 시작했다. (…) 내가 초임 판사를 할 때 남자들이 나하고 근무하기를 싫어했다. 나중에 알게 되었는데, 아무도 여자 판사랑 근무하고 싶어하지 않았다. 눈에 보이는 데서의 차별은 없지만, 결혼하고 아이 키우고 시댁에서의 위치 자체가 차별이다. 전업주부를 아내로 둔 남자 판사와 나의 경우는 1대 4의 싸움이었다. 그 사람은 전업주부의 도움을 받지만, 나는 내 일에서 2분의 1을 뺏기니까 1대 4가 되어버렸다. 그렇다고 사무실 일을 봐주는 것도 아니기 때문에. 고등법원 부장판사가 되기 전인데, 내가 법률가로서 내 정체성이 무엇인지 생각했던 적이 있다. 그때 내 소수자로서의 감수성이 떠올랐다. 법률가는 그 감수성이 있어야 하는 직업이다. 왜냐하면 법이라는 것은 다수가 합의해서 만든 것을 집행해야 하는 일이므로, 다수가 아닌 이유로 소외되는 소수자를 설득할 수 없다면 그 논리는 성립될 수 없다. 소수자를 보호하면서 그들도 수긍할 수 있는 법이 되어야만 한다는 생각을 했다.

이주희 : 사법부에서 필요한 리더십은?

김영란 : 판사라는 직업군에는 공부를 가장 잘하는 사람들이 들어온다. 새로운 사고를 하는 것이 아니라 남의 지식을 빨리 흡수하는 능력이 강한 사람들이 온다는 이야기다. 남녀를 불문하고 매우 체제 순응적이며 기존 생각에 의문을 품지 않는 성향의 사람이 많을 수 있다. 법은 사회와 함께 가는 것이지 먼저 나아가서는 안 되므로 너무 튀면 곤란한 직업이라고 생각하기도 한다. 기존 지식을 잘 흡수하고 합리적으로 판단하는 정도의 리더십을 요구하는 직업이다. 그러나 내가 대법관이 되면서 든 생각은 법률가도 창의적인 사고가 필요하다는 것이다. 마이너리티를 위해서는 법률가가 창의력을 발휘해줘야만 마이너리티의 감수성을 이해하게 되고 그 사람들을 위해 새로운 법률 해석을 해줄 수 있는 것이다. 적극적 조치 같은 것도 창의적인 법률 해석에서 나온 것이다. 판사도 컴퓨터에다 집어넣으면 답이 나오는 판결만 하고 있을 것이 아니라, 컴퓨터가 생각해낼 수 없는 역할을 해야 한다고 생각한다. 거기에 판사로서의 창의성이 있다. 법률가는 창의적이지 않다고 하지만 사실은 그렇지 않다. 법관은 모범생이기만 해서는 안 되고 마이너리티적인 사고를 할 수 있어야 하는데 여성이 더 유리할 수

있다고 생각한다.

이주희: 사법부에서 유리천장을 깨는 일이 왜 중요하며 어떻게 가능한가?

김영란: 대법관이 되면서 여성 후배 판사들이 남성 판사들과 대등하게 경쟁하며 뒤지지 않기를 바랐다. 이것은 여성 판사만을 위한 일이 아니다. 그들이 결혼과 육아로 뒤처져서 조직의 하부 구성원으로 남으면 조직의 건강성에도 문제가 생길 수 있다. 우수한 여성의 진입으로 여성의 수가 급격히 늘고 있는 사법부에서 성평등이란 면에서 적절한 역할을 못 한다면 다른 사회 기관들에도 미치는 부정적인 파장이 클 것이라 우려되는 만큼 제대로 해내야 한다고 생각한다. (…) 독일에는 파트타임 판사가 있는데, 파트타임이라 하고 일은 더 많이 주니까 다시 원래대로 돌아간 경우도 있다고 한다. 여전히 그 문제를 해결하지 못하고 있다. 내게는 끝난 과거 일이지만 한참 애들 키우고 있는 여성 판사들한테 어떠한 환경을 제공해줘야 할지 답이 안 나오고 있다. 사회가 변화해야 한다. 자녀 양육을 해야 하는 부부가 있으면 가족 친화적인 직장 문화가 있어야 하고, 육아에 도움을 주는 방식으로 사회가 변화해야 하는데 아직 그렇게 되지 못하고

있는 데다, 사회적으로 받아들인다 해도 당사자가 받아들이기 어려울 수 있다. 제도적으로, 문화적으로, 개인적으로 모두 바뀌어야 가능한 일이라 생각한다.

유리천장을 극복한 소수의 여성 뒤에는 그 장벽에 가까이 다가가고도, 혹은 이미 이를 넘어서고도 조용히 현장을 떠나는 수많은 여성이 존재한다. 패멀라 스톤의 2007년 저서 『경력 포기하기? *Opting Out?: Why Women Really Quit Careers and Head Home*』[18]는 유리천장에 맞선 성공한 여성으로 남는 대신 결국 가정으로 돌아간 미국의 명문 대학원 출신 30~40대 전문직 여성들을 심층 면접해 이들이 일을 포기하고 가정을 '선택'한 이유와 그 후의 삶을 조명하고 있다. 책은 저자 스톤이 현재 전업주부soccer mom인 예일대 법대 졸업생 앤을 만나는 장면에서 시작된다. 실제 2000년대 전후 미국에서는 유수한 다국적 기업의 대표이사직이나 백악관 고문직을 버리고 가족과 함께 더 많은 시간을 보내고자 가정으로 돌아가는 현상이 나타난 바 있다. 미디어는 자신의 직업을 사랑하며 높은 성취도를 보였으나 그 무엇과도 비교할 수 없이 소중한 가족을 자발적으로 '선택'한 이들의 '신전통주의적 삶'을 칭송했다.[19]

실제로 여성은 남성보다 더 많이 일터를 떠나며, 이는 하버드대학 경영대학원을 나온 여성에게도 예외가 아니었다. 스톤은 여성의 선택에 가장 큰 영향을 미치는 요인이 겉으로는 가족 같지만, 실은 가정에서의 요구와 일을 병행하는 것을 어렵게 만드는 일터의 구조

및 관행이 혼합된, 매우 복합적인 요인들의 작용으로 여성들이 이런 선택을 했음을 보여준다. 대부분 자신만큼, 혹은 자신보다 더 높은 수준의 조직 몰입도를 요구받는 전문 관리직 남성과 결혼한 이들은 조금의 유연성도 허락하지 않는 일터에서 적응할 수 없었다. 조직 내 업무 부담이 늘어나는 한편, 자녀 양육의 부담과 특별한 보살핌이 필요한 가족 구성원이 생겨날 때, 결국 남편 대신 본인이 일을 그만두기로 하는 것이다. 이상적인 어머니와 이상적인 직장인이 동시에 될 수는 없다고 압박하는 조직에서 내려진 결정이 과연 자발적인 선택일 수 있을까? 스톤의 대답은 부정적이다. 하지만 이 연구의 대상자들은 가족이 더 중요하다는 고정관념에 순응하며 새로운 가정생활에 적응하려 노력한다.[20]

경력 포기를 선택한 여성들은 양육자로서의 보람과 기쁨을 느끼기도 하지만, 성공적이었던 직업상의 정체성 상실로 인해 늘 반만 채워지고, 반은 비어 있는 듯한 혼란을 느낀다고 토로했다. 이는 자신의 삶이 무가치하고 인정받지 못한다는 감정, 고립감과 자괴감으로 이어진다. 맞벌이였을 때와는 달리, 남편이 가사를 돕지 않는 등 가정 내에서의 평등도 쇠퇴한다. 다시 일하고자 노력하기도 하지만, 경력 단절의 기간이 길어질수록 이는 더 어려워졌다. 일하고자 하는 분야도 전통적으로 여성의 일이라 여겨진 교육이나 돌봄으로 제한되며, 프리랜서와 같이 유연성은 보장되지만 불안정한 일자리라는 특성을 띤다. 이들의 삶을 조명하면서, 스톤은 경력을 포기한 여성들이 가정을 '선택'한 것이라기보다는 시대에 어긋난 남성 중심적

일 모델에 대한 조용한 파업을 시도한 것이라고 결론짓는다.[21]

돌봄 노동자의 감정노동

심각한 수준의 성별 임금 격차와 낮은 유리천장지수에도 불구하고, 노동시장에서의 성차별에 대한 인식 수준이 낮은 이유는 여성의 일이 저임금 서비스직, 특히 돌봄 노동에 집중되어 있기 때문이다. 주로 여성이 노동자의 대다수를 차지하는 만큼 차별 여부를 판단할 만한 비교 대상의 남성 노동자 자체가 없다. 야간 혹은 새벽처럼 비일상적 시간대에 행해지는 높은 노동 강도를 제대로 쉴 수 없는 환경에서 견디면서도 여성의 돌봄 노동이 그 가치만큼 보상받지 못하는 이유는 여성이 '자발적으로 기꺼이 하는' 것처럼 보이는 평범한 일, 즉 무급 가사노동의 연장선에 불과하다는 인식을 유발하기 때문이다.

자본주의 사회에서 무보수로 가정 내 돌봄 노동을 하게 되면 시장소득을 얻을 수 없거나 유급 노동에 종사한다 해도 그 소득은 감소한다. 가정에서의 돌봄 노동을 서구 여성 경제학자들이 '강요된 이타주의'라고 일컫는 이유다.[22] 여성이 돌봄 노동에 더 많은 시간을 쓰는 이유는 남녀의 역할이 다르다는 사회적 통념 때문이다. 이로부터 끊어내기 힘든 악순환이 시작된다. 이런 통념은 여성에 대한 채용 기피나 승진 지체 등의 차별로 이어진다. 조직 내 차별로 인해 여성의 임금 수준이 남성보다 낮아지면 남녀별 경력 개발이 가구 소득에 미치는 영향 격차가 커진다. 공보육과 같은 외부 지원이 부족한 상황에서는, 더 높은 임금을 받아 가구의 생활 수준을 높일 수 있는 남성이 노동시장에 참여하고 여성은 가사에 더 집중하는 것이 가구 내 소득을 극대화할 수 있는 합리적인 선택으로 보이게 된다. 여성이 더 많은 시간과 노력을 투여하는 만큼 여성의 가사 및 양육에 대한 숙련도는 남성보다 앞서는데, 이는 다시 남녀의 역할이 다르다는 지배적인 사회규범을 재확인시키면서 조직 내 차별을 정당화하게 된다.[23]

가사노동처럼 유급 돌봄 노동은 그 특성상 지불 능력이 없거나 약한 어린아이, 노인, 환자 등을 주 고객으로 삼아 행해지며, 제조업처럼 기술의 발전에 따른 획기적인 생산성 향상도 어렵다. 어린아이를 훌륭히 키우고 환자를 죽음에서 구해내 그들이 나중에 사회에 크게 기여한다 해도 그 엄청난 생산성 효과를 소급해서 보상받을 수도 없다. 돌봄 노동의 이런 특성은 "아주 낮은 임금을 받는 간호사가 좋은 간호사다"라는 왜곡된 인식을 유발한다. 즉, 보상이 매우 적어야 덜 이타적인 사람을 이런 직업으로부터 배제하고 가장 이타적인 사람을 유인할 수 있다는 것이다.[24] 실제로 돌봄 노동은 다양한 사회인구학적, 조직적 변수를 통제한 이후에도 저임금 직종인 경우가 많았다.[25] 주목할 점은 유급 돌봄 노동의 임금 불이익이 전 세계의 보편적인 현상은 아니라는 점이다. 소득이 불평등하게 분배되어 있을수록, 단체교섭 구조가 분권화되어 있을수록 임금 불이익의 수준이 높았다는 것이다.[26] 우리 사회의 돌봄 노동자가 낮은 임금과 부당한 처우를 감수해야 하는 이유다.

152

돌봄 노동의 낮은 임금과 나쁜 노동 조건을 개선하기 위해서는 노동자 스스로 이런 임금과 노동 조건이 정당치 못하다는 인식을 갖는 것이 선행되어야 할 것이다. 그러나 과연 그럴까? 저임금 서비스 노동자의 노동 실태와 노동권에 대한 인식을 탐구하기 위해 나는 한국 사회과학연구지원사업SSK 중형 과제의 일부로 2015년 8월과 9월 서울 및 수도권 서비스업 종사자 90명에 대한 심층 면접 조사를 실시한 적이 있다. 어려운 처지의 노동자가 불안정한 일자리를 개선하고자 하는 노력을 기울이기 어려운 이유에 대해 대학원생 이다은, 정성진과 함께 분석해 게재한 논문에서 우리는 다음과 같은 결론에 도달했다. 문제 제기를 했을 때의 불이익과 보복에 대한 두려움, 그리고 결코 유리하거나 공정하지 못했던 구제 절차와 기관에 대한 불신에 더해, "이러한 구조적이며 상시적인 제약 조건하에서 노동자는 적극적으로 자신의 적응 전략을 발전시켜나간다. 불안정 노동자는 사회적으로 지배적인 사고로부터 벗어날 경우 받을 위험 비용이 그렇지 않은 노동자보다 훨씬 더 클 수 있다. 그렇다면 불안정 노동자는 가능한 한 그러한 지배적인 사고, 즉 좋은 인간관계의 중요성, 근면한 노동의 가치와 보람, 직장에 대한 충성심, 투쟁적인 노동조합 활동에 대한 반감, 독립된 사업자가 되려는 상승 욕구 등을 내면화하여 현실의 어려움을 묻어두고자 할 수 있다. 실제로 이 연구의 면접 대상자는 작업장에서 맺은 인간관계, 서비스 대상자에 대한 사명감, 혹은 창업에 대한 기대감, 가계소득 기여에 대한 만족감 등을 통해 본인의 노력으로 변화될 것으로 여겨지지 않는 불안정한 일자리

에서의 현실에 적응하는 모습을 보여주었다".[27]

위 논문에서는 지면의 제한으로 잠깐씩만 언급되었던 아이돌 보미 이영신(가명)의 사례를 좀더 자세히 살펴보자. 현재 60대인 이영신씨는 고졸로, 결혼하기 전까지는 보건소에서 임시직으로 잠시 일하다가 결혼 이후에는 가정주부로만 살았다. 그녀가 노동시장에 뛰어든 것은 1998년 "IMF를 만나서" 집이 경매로 넘어갔기 때문이다. 식당에서 일하기도 하고 마트에서 야채도 다듬다가 손아래 동서가 하는 아이돌보미 일을 자신도 7년째 하게 되었다. 누군가에게는 유아차나 끄는 쉬운 일로 인식되지만, 아이돌보미 일은 60대의 고령 여성이 하기에 결코 쉬운 것이 아니다. 그녀는 오전 7시에서 오후 7시까지 하루 열두 시간 동안 아이를 돌본다. 아기 엄마의 퇴근 시간은 곧잘 늦어지지만, 수당을 따로 받지는 못한다. 다음은 이전에 일하던 집에서 있었던 일이다.

이렇게 힘들 줄 몰랐지. 힘들어요. 아기 보기 힘들어요. 눈이 빙빙 돌고. 그래서 차라리 밖에서, 마트 같은 데서 나이 먹은 사람도 할 수 있는 걸 누구 배경 있는 사람 도움으로 들어갔으면 하는데 그게 안 되네. 정말 아기 보는 건 너무 적막해. 아기가 투정하면 아프고 힘들고. 한번은 외국에 나가서 일을 그만두게 된 집이었는데, 토마토같이 생겼는데 아기 엄마가 샤워를 하는 건가봐요. 그걸 아기가 어디서 꺼내왔어. 나는 영어로 써 있어서 뭔지 모르고. 그런데 몇 개가 있었는데 하나가 없어졌어. 아기가 주워 먹었나? 아기가 그걸 물어뜯었는지 향이 나는 거야. 큰일 났지. 당장 병원 가서 씻어낸 적이 있어. 그때 미안하다고 했는데 먹어도 큰 탈은 없다고 하더라고. 그때 굉장히 놀랐어. 이건 할 노릇이 아니다……. 긴장을 해서 월화수목금은 어떤지 모르겠는데 토요일에 집에서 쉬면 온몸이 다 아프지. 집에서 아기를 보면 밖을 못 나가잖아. 밖에서 걷는 시간이 없으니까 정신이 멍해. 실내에서만 있고 아기한테 시달리고 울고 그러면 어떤 때는 회의감이 오지. 올해까지 하고 그만 둬야지. 내년까지 하고 그만둬야지……. 그런데 월급이 나오니까.

이영신씨는 곧잘 계약된 시간을 넘겨 더 오래 일하지만 그에 대한 수당을 받지 못해 화가 나고 억울한 생각도 든다. 하지만 수당을 정식으로 요청할 생각은 하지 못한다. 우리가 살펴본 대다수 돌봄 노동자는 그녀처럼 여성일 뿐 아니라 고령이었다. 나이 듦이 쓸모없음으로 인식되는 사회에서 이들은 이중의 소수자 지위를 갖게 된다. 그렇기 때문인지, 이 연구의 조사 대상자들은 최저임금의 위반이나 일터에서의 부당한 처우 등 어려운 여건 속에서도 이 모든 것을 불가피한 것으로 수용하려는 경향을 보였다. 이영신씨도 마찬가지였다. "최저임금보다 낮게 받지만 내가 요구할 수는 없"고 고용주와는 법보다 인간적으로 해결하고 싶다는 생각을 하고 있었다. "아기가 정이 들어서 너무 예쁘고" 아기 엄마도 "서로 있다보면 정이 들어 다 딸 같고" 하기 때문에 제대로 된 보상 없이 무급으로 일해주는 초과 노동 시간에 대한 불만을 조용히 다스리는 일도 아이돌보미에게 수

반되는 감정노동이었다. 심지어 "눈에 보이게 너무 늦어지고 늦어지고 해서 아기 엄마가 미안하게 생각할 때도" "여유 있게 일하면 모르겠지만 경제적인 이유로 나와서 일하고 있어서" 자신의 어려운 처지를 내보이기 싫은 "자격지심인지, 자존심인지 몰라도" 그걸 준다고 덥석 받지 못한 적도 있다고 한다. 그리고 그런 제안을 한 것, 그 것만으로도 감사하다는 것이다.

이런 이영신씨의 태도는 노동으로 인한 질병 문제에 대해 이야기할 때도 일관성 있게 이어진다. 고령에 아이를 돌보는 육체노동을 하면 여기저기 아픈 곳이 생긴다.

주말에 침도 맞아요. 어깨, 허리. 매번 가야 시원하고 피로가 풀려요. 이 일 하면서 어깨가 더 아프게 됐어요. (산업재해가 아니냐는 질문에) 내가 혼자만 아픈데 될까요? 그 집에서 아기 보면서 아픈 데, 아픈 거는 당연한 건데, 그런 걸로 이유 삼으면 그 집에서 안 좋아할 것 같아. 당연히 월급 주고 쓰는 건데. 아기 엄마랑 친해졌는데 내가 이 아기를 보다가 다쳐서 병원 간다, 그런 건 못 하잖아요. 인간관계상 못 해. 내가 암암리로 대비를 하는 거지. 늘 어깨가 아프고 허리도 아프고. 그건 내가 물리치료 받고 침 맞으면서 그렇게 유지를 하는 거지.

이영신씨가 이렇게 자신의 몸 상태보다는 "월급 주고" 돌봄을 제공받는 가정 걱정을 더 하게 된 것은 평생을 살아오면서 쌓은 경험 때문이기도 하다. 그녀는 노동조합에 대한 의견을 묻는 질문에 답하다가, 아는 사람이 재벌 대기업 구내식당에서 겪은 산업재해에 대한 이야기를 해주었다. 그녀는 노조에 참여하고 싶다고는 했지만 "아직 쉽게 할 수 없다"는 답을 주었다. 왜냐하면 싸울 수도 없고, 싸워도 소용없기 때문이다.

그 사람이 아르바이트로 60만~70만 원을 받고 일했는데 물통을 큰 걸 들다가 삐끗해서 그 자리에서 주저앉았어요. 큰 대기업이었는데 한 달 치 월급 더 줘서 무마시키는데 못 이기더라구요. 사람 오라 가라 하고, 문턱이 올라가기 까다롭고. 그 사람은 그걸로 영 아무것도 못 해. 허리가 아파서. 그렇게 끝내지, 싸워봤자 어떻게할 수 없어. 해봤자 당신만 고생하지. 계약서에 이렇게 이렇게 근로하라 했고 힘든 건 다 힘든데, 다른 사람은 다 괜찮은데 당신만 허리를 다쳤냐? 그렇게 죽기 살기로 모든 걸 다 걸고 투쟁할 수 없으니 적당히 마무리를 하지. 거기다가 신경이 얼마나 피곤해? 이 일을 하면서 그런 걸로 클레임 걸 수는 없어.

아이돌보미 이영신씨의 이야기는 2022년 이상문학상을 수상한 손보미 작가의 자선 대표작 「임시 교사」[28]에 나오는 전직 임시 교사 P 부인에 대한 서사와 닮아 있다. 소설에서 특별한 이름 없이 P 부인이라 칭해지는 것도 P 부인이 보편성을 가진 많은 여성 돌봄 노동 종사자를 대표하기 때문이라고 해석될 수 있다. P 부인도 어떤 전문직 부부의 아이를 돌본다. 아이를 돌보는 데 온 정성을 다하는 P 부인은 부부가 더 머문 시간을 계산해서 급여를 더 주겠다 했지만 이영신씨처럼 거절한다. "'그럴 필요 없어요.' 빈말이 아니라 P 부인은 정말로 그렇게 생각했다. '이게 내 일인걸요.'"[29] P 부인도 이영신씨처럼 몸이 아프다. "주말이 되면 P 부인은 그야말로 녹초가 되었다. 허리에 통증이 생겼고, 팔을 들어올릴 때마다 어깨가 욱신거려서 파스를 붙여야만 했다. 다행인 것은 아이가 파스 냄새를 좋아했다는 점이었다."[30] 아이 엄마의 치매 시어머니로 인한 위급 상황이 정리되고 아이 엄마가 P 부인의 사소한 행위가 맘에 안 들기 시작할 때, P 부인은 해고된다. 그녀는 "자신의 삶에서 반복되었던 잘못된 선택, 착각, 부질없는 기대, 굴복이나 패배 따위에 대해"[31] 잠시 생각해보지만, 결국은 "사는 게 그런 거지…… 아 괜찮을 거야"[32]라며 다시 현실에 순응한다. 실재하는 이영신씨와 소설 속의 P 부인은 육체노동과 감정노동이 복합적으로 작동하는 힘든 돌보미 일을 계속한다는 것과 해고당했다는 차이만 있을 뿐, 현실에 저항하지도, 일탈을 꿈꾸지도 않는다. 낮은 임금과 부당한 처우라는 면에서 차별받는 노동자라 할 수 있지만, 차별을 증명할 방법도, 그럴 의지도 없다. 어쩔 수 없는 구조 속에서 그런 체제를 희생적으로 유지하는 데 가치를 부여하며 살 뿐이다.

제7장

분열과 갈등의 정체성 정치:
혐오

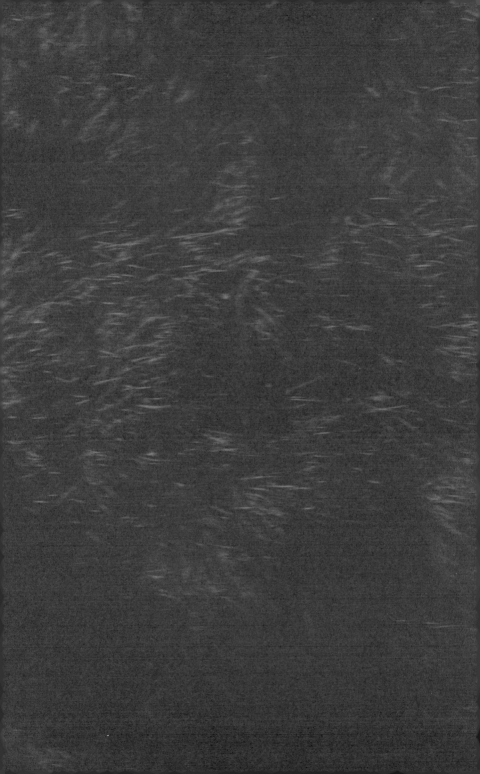

차별받는 사람이 체념하고 적응하는 이유 중에는 그러지 않고 대항할 경우 감당해야 할 불이익과 고난에 대한 공포가 있다. 그런 공포와 불안은 종종 분노를 유발하기도 하는데, 차별받는 사람 중 일부는 그런 분노를 차별의 구조를 만들어낸 권력을 가진 행위자가 아닌 다른 소수자 지위에 있는 대상, 특히 자신보다 더 낮은 지위에 있다고 여겨지는 소수자 집단에 투사하기도 한다. 대안이 없다면 현실에서 답을 찾아야 한다. 페킹 오더$^{Pecking order}$(사회적 서열. 닭과 같은 가금류는 모이를 쪼는 서열이 정해져 있다는 데서 나온 비유)에 충실하게 자기보다 더 못하거나 못하다고 여겨지는 존재에게 그동안 받았던 상처와 모욕을 돌려줄 수밖에 없기 때문이다. 차별로 좌절을 경험한 피해자가 그럴 대상조차 없거나 그렇게 하고 싶지 않은 경우, 종종 그 혐오가 자신을 향할 수도 있다. 백인의 예쁜 파란 눈을 원하던 『가장 푸른 눈』[1]의 주인공 흑인 소녀도 결국 자살하지 않았던가.

왜 혐오가 창궐하는가?

혐오를 원초적인 본능으로 보는 경우, 이는 생존에 위협이 되는 물질과 대상을 만났을 때 느끼는 적대적 감정으로 정의된다. 오염원이 될 수 있는 물질은 인간에게 자신의 동물성과 죽음을 상기시키는 존재로, 설사 무해하다 해도 그걸 만지면 자신까지 오염될 것이란 비합리적인 생각을 유발하기도 한다. 마사 누스바움[2]은 혐오라는 감정의 비합리성이 이런 원초적인 혐오에서 투사적 혐오로 넘어갈 때 더 극대화된다고 주장한다. 혐오를 유발하는 대상의 특성을 종속적인 지위에 있는 다른 인간 — 인간보다는 동물에 더 가깝다고 여기는 집단 — 에게 투사시킴으로써 지배적 집단이 좀더 안전하게 자신을 동물성이나 유한성으로부터 보호하게 된다는 것이다. 이런 투사적 혐오는 차별과 배제의 원천이며 특정 소수자 집단에 대한 언어적, 물리적 폭력으로 이어질 수 있다. 누스바움은 반유대주의, 여성혐오, 동성애자, 장애인, 유색인종 등에 대한 편견을 그 예로 들었다. 투사적 혐오는 후천적인 사회적 학습을 통해 습득될 수도 있다. 즉, 혐오는 특정한 사회구조적 맥락에서 발현되며, 그런 만큼 정체성 정치와도 연결된다.

혐오 감정을 정치적으로 활용하는 극우주의 정당의 성장 과정을 통해 혐오가 어떤 상황에서 힘을 얻는지 간접적으로 살펴볼 수 있다. 1970년대 초 창당한 프랑스의 극우 정당인 국민연합Rassemblement National의 전신 국민전선Front National은 초기에는 거의 두각을 나타내지 못했다. 이 정당이 지지를 얻기 시작한 1980년대는 대처리즘과

레이거노믹스를 통해 신자유주의가 자라기 시작한 시기다. 양극화와 소득 격차가 더 확대되고 경쟁과 능력주의가 새로운 신념 체계로 자리잡았다. 오일쇼크가 악화시킨 경제 위기와 실업은 당시의 국가 엘리트, 즉 복지국가의 확대와 노동권 보호를 주된 강령으로 삼았던 정부에 대한 국민의 불만을 누적시켰다. 특히 프랑스에서는 좌파 미테랑 정부의 관대한 이민 정책으로 북아프리카 출신의 이민자가 증가했는데, 국민전선은 비유럽계 이민 증가를 범죄 증가 및 실업 악화와 연관 지으며 외국인 혐오 운동을 통해 정당의 정체성을 확고히 하고자 했다. 점점 더 어려워지는 생계 속에서 세계화와 신자유주의에 대해 누적되는 두려움은 이러한 혐오를 확대 재생산하며 국민연합에 대한 지지율을 견인했다.[3] 극우주의의 득세는 발전된 산업국가 전반에서 나타나는 현상이다. 2017년 일어난 미국 샬러츠빌 시위에서처럼, 트럼프 전 미국 대통령과 함께 전면에 등장한 저학력 저소득 백인의 분노는 극단적인 인종 혐오나 인종차별주의라기보다는 무너져내린 생계를 책임지라는 절규에 가깝다.[4]

　우리 사회에서도 이민자나 외국인 노동자에 대한 혐오가 점차 확산되고 있지만, 서구와 차이 나는 점은 극단적인 능력주의 담론의 확대와 함께 상대적으로 열등한 생산성을 지녔다고 여겨지는 여성이나 노인, 장애인 등에 대한 혐오 역시 만연하고 있다는 점이다. 즉, 낯선 것에 대한 두려움이라는 본능적인 감정인 혐오가 우리의 사회구조적 맥락에서는 좀더 광범위한 대상에게 투사되고 있다고 할 수 있다. 마치 백인 중심 사회에서는 이질적인 유색인종이거나 이민자가 주된 혐오의 대상이듯이, 남성 중심적 조직이나 사회에서는 여성이, 젊음이 바람직한 기준인 사회에서는 노인이, 비장애인 위주의 사회에서는 장애인이 그런 혐오의 대상이 되는 것이다.

최근 급격히 악화된 여성혐오는 경쟁이 격화되고 기회가 제한되는 상황에서 줄어드는 일자리를 두고 이제 동등한 수준의 학력을 갖춘 여성과 경쟁해야 하는 청년 남성들에게서 더 두드러지는 특징이었다. 이설희 등의 논문[5]은 여성혐오가 남성에게는 여성 멸시로, 여성에게는 자기혐오로 작동하며, 이것이 위계적인 젠더 질서를 구성하는 핵심이라고 주장한 우에노 지즈코를 인용하면서, 성차별적 혐오 표현을 여성을 공적 세계에서 배제하려는 구조적인 부정의로 규정한 바 있다. 이런 현상이 더 확대 재생산되는 이유로 홍지아는 특정 정치권에 발언의 기회를 집중하고 온라인 영역에서의 혐오와 대립을 과잉 재현해 보도한 언론의 문제점을 지적하기도 한다.[6] 실제로 정치인의 혐오와 같은 부정적인 감정 표현이 지지자가 상대 집단에 대한 부정적 평가와 적대감을 증가시킨다는 연구에 비춰볼 때,[7] 성별 갈라치기를 통해 정치적 이득을 얻고자 하는 보수 정치권의 전략으로 인해 사회적 갈등의 비용이 커지고 그나마 이룩한 차별 해소의 성과가 후퇴하게 된 것은 사실이다.

노인과 장애인에 대한 혐오는 삶의 귀중한 가치가 금전적 가치의 수준으로 내려가면, 즉 인간에게 경제적 가치만이 견고하게 남으면, 그 경제적 가치를 상실한 인간은 혐오 대상이 된다고 해석 가능한 아우렐 콜너이의 통찰력[8]에 기대어 이해해볼 수 있다. 물론 노인은 죽음과 가까이 있는 존재라는 점에서도 원초적 혐오의 투사 대상이 되기 쉽다. 간혹 오욕의 시간으로 폄훼되기도 하는 험난한 현대사를 살았던 사람으로서 어두운 과거를 대표하기도 한다. 그러나 능력주의라는 강렬한 신념 체계에 반하는 생물학적 특성을 가진 존재로서 혐오의 대상이 된다는 해석에 마음이 더 기우는 이유는 우리 사회의 혐오가 단지 노인이나 장애인처럼 명백한 특성을 가진 소수자 집단뿐만 아니라, 다른 나라에서는 그런 대상이 되지 않는, 그렇지만 경제적 역량이 뒤떨어진다고 여겨지는 비정규직이나 빈곤층에 대한 혐오로도 나타나기 때문이다.

　　보수 정치권의 갈라치기 전략은 소수자 집단 간의 갈등까지 유도할 수 있다는 면에서 반드시 제어되어야만 한다. 취업이 어려워 상시적인 불안감 속에 살아야 하거나 비정규직으로 힘든 청년 남성이 여성가족부 존속에 반대하는 것이 한 예다. 여기서 우리는 한 66세 남성의 목소리에 주목할 필요가 있다. 고졸로 경비업에 종사하며 정치 성향은 중도였던 그는 내 연구과제였던 '고진로사회권' 프로젝트의 조사 중 하나로 2012년 4월 말 세대별로 나누어 실시한 표적집단면접[FGI] 고령층 세션에 참여한 사례자였다. "우리 세대가 8·15 해방에 태어나 6·25 사변, 월남 갔다 오고 굉장히 고생을 많이 한 세대인데, 사회에서 복지에 대해 65세 넘으니까 고작 패스 하나 주고 젊은 사람보다 말 잘 듣고 일 잘하니까 필요할 때 써먹고 조금 안 좋은 일 있으면 자르고……. 여성가족부는 있는데 왜 노인부는 없습니까?"[9] 이 고단한 노인조차 여성가족부를 없애기보다는 노인부를 만들라는 건설적인 제안을 하고 있다. 극우 정치를 지지하려면 고령의 태극기 집회 참여 세대의 서사 정도는 갖추어야 하지 않을까?

분할 지배 전략에 기반한 정체성 정치

혐오가 문제 되는 것은 이를 활용한 정치를 통해 차별과 불평등을 적극적으로 확대 재생산해낼 수 있기 때문이다. 어떤 소수자 집단에 대한 혐오도 지양되어야 할 사회적 문제지만, 특히 여성은 인구의 과반에 이르는 만큼 잘못된 정치 전략의 파급력이 크다. 우리 사회에서 20대 남성의 보수적 투표 성향에 대한 언론의 관심은 2019년 4·7 재보궐 선거부터 시작되었다. 그러나 재보궐 선거 때 약 45퍼센트가 투표장에 가지 않았다. 현재의 투표 행위가 의미 있는 변화를 가져오지 않는다고 믿기 때문일 것이다. 2022년 대선에서는 더 많은 성별 갈라치기가 등장했고 더 많은 분석이 쏟아졌지만, 여성 청년과 남성 청년을 포함한 20대 전체는 진보적인 후보를 더 많이 선택했다. 보수 정당에 소속된 윤석열 당선자에 대한 20대 남성의 지지는 10명 중 6명에도 미치지 못했다.

그렇다면 우리 사회에서는 왜 선거 때마다 젠더나 세대 갈등이 부추겨지는 것일까? 가난한 20대를 더 크게 지배하는 현실은 극단적인 부와 소득의 불평등, 절차적 공정의 위장 아래 지속되는 학벌과 학력의 대물림, 제대로 된 일자리의 부족, 그래서 결혼이나 출산을 꿈꾸지 못하는 삶인데도 말이다. 남성 청년이 각자도생의 사회에서 똑같이 힘들거나 어쩌면 과거 차별의 관행으로 더 힘든 노동시장에서의 삶을 앞둔 여성 청년에게 갖는 부정적인 감정은 효과적인 경제정책과 관대한 사회정책을 통해 국민을 제대로 보호하지 못하는 국가라는 맥락 속에서 발현된다. 즉, 어려운 현실을 초래한 좀더 근본적인 원인을 살펴볼 여유가 없기에 새롭게 등장한 경쟁자에게 청년 일부의 혐오가 투사된 것일 수 있다.

그런 만큼 박빙의 선거에서 특정 세대, 특정 성의 과반 지지의 중요성이 과장될 수 있음을 염두에 두고 언론이 이들을 동질적인 집단으로 지칭하는 조어를 사용하는 것은 자제되어야 한다. 지금은 본질적인 문제에 집중할 때다. 미국 샬러츠빌 시위의 진짜 원인이 흑인이나 유색인종이 아니었듯이, 우리 청년 문제의 핵심도 여성이나 여성가족부가 아니다. 제대로 된 일자리의 부족이다. 극단적인 사회의 양극화다. 매킨지글로벌연구소는 2021년 코로나19를 거치며 자동화와 디지털화가 더 급속히 진행되면서 적어도 25퍼센트의 노동자가 직업을 바꿔야 할 수도 있다고 예측한 바 있다. 이런 일자리 상실의 위협은 저임금, 저기술 직업에 더 집중되어 있다.[10] 우리는 이처럼 불평등이 더 심각해지는 와중에 극소수의 거대 기업과 부동산 부자들만 엄청난 부를 축적하고 있다. 이런 현실에서 분열과 혐오의 정치를 지속하는 것은 사악하거나 무능하거나 둘 중 하나다. 언제까지나 최저임금을 일자리 감소와 자영업 황폐화의 유일한 원인으로 지목할 수도 없을 것이다. 완전고용과 평생고용의 시대에 마련한 빈약한 분배와 재분배 정책, 수십 년 전과 똑같은 이해 충돌의 위험을 안고 임명된 고위 행정 인력으로는 이런 최첨단 위기를 극복할 수 없다는 것만이 가장 분명한 사실이다.

또한 2016년 미국 대선 과정에서 실시된 한 연구에 따르면 이러한 분할 지배 전략은 장기적으로도 성공 가능성이 낮았다. 전통적인 젠더 관념에 위협적인 질문으로 유도한 경우, 힐러리 클린턴에 우호적인 남성의 답변이 그런 질문이 없었을 때보다 더 감소한 것은 사실이었다. 부인보다 소득이 적어 자신의 남성성에 대한 개인적인 위협을 느끼든 아니면 전반적인 사회제도가 여성 편향적이라고 판단하든 이런 생각은 모두 클린턴보다 도널드 트럼프를 더 지지하게 만들었다. 그러나 모든 남성이 이런 것은 아니었다. 선택 편향을 제거한 더 정교한 패널 조사를 통해 밝혀진 사실은 아내보다 소득이 적어진 보수적인 남성은 시간이 흐름에 따라 더 보수적으로 변했지만, 같은 입장에 있던 진보적인 남성은 더 진보적으로 변해갔다는 것이다. 이 연구를 실시한 미국의 정치학자 댄 커시노는 전통적인 생계부양자 역할을 고수하지 않는 이런 남성들이 변화를 가능케 하는 가장 큰 희망이라고 결론지었다.[11] 우리 사회에서 진보적인 20대 여성이 정치세력화하고 있고, 분할 지배 정치에 휘둘리지 않는 20대 남성이 있다면 분할 지배 전략은 장기적으로 큰 효과를 거두기 어려울 것이다.

「기생충」[12]의 사회학

영화는 한 시대의 지배적 사고와 이상, 불안과 야망을 반영한다. 봉준호 감독의 영화 「기생충」이 칸에 이어 아카데미까지 석권하면서 불평등이라는 인기 없는 주제는 이제 세계적인 문화 엘리트마저 외면하기 힘든 보편적인 화두가 되었다. 봉준호 감독은 불평등이 초래하는 비극을 전달하기 위한 가장 효과적인 도구로 서로를 이해할 수도 없이 멀어져버린 계급 간의 '혐오'라는 감정을 선택했다. 영화 제목부터 원초적 혐오감을 유발하는 것은 우연이 아니었다.

　「기생충」에서 박 사장은 자연스러운 우월함으로 반지하와 온지하 사람들의 선망을 받는다. 그런 아비투스가 형성되기 위해 엄청난 경제자본과 문화자본이 투여됐겠지만 마치 태생적인 미덕인 양 보이도록 해 다시 계급 권력의 기반을 강화하는 것, 그것이 상류계급의 구별짓기의 핵심이다. 영화는 상층이 이미 가진 것을 더 많이 갖기 위해 또 하층이 굶주림에서 탈출하기 위해 서로 싸우던 시대가 끝났음을 보여준다. 부자와 빈자는 이제 다른 행성에서 온 사람들처럼 서로의 삶을 모른다. 싸우는 이들은 한정된 일자리를 두고 혈투를 벌이는 없는 사람과 그보다 더 없는 사람들이다. 봉준호 감독은 혐오를 표현하기 위해 '냄새'를 둘러싼 긴장을 차근차근 쌓아올린다. 누스바움[13]은 혐오와 인간의 감각기관과의 밀접한 관계를 지적한 바 있다. 본능적인 감정으로 여겨지는 혐오는 어떤 자극으로 인해 구토와 같은 강한 신체적 반응을 수반하며, 이런 자극을 유발하는 대표적인 사례는 참을 수 없는 수준의 냄새와 흉물스러운 외양이다. 실제로 오염원으로서의 가능성이 있는 오염 물질을 파악하기 위해서는 감각, 특히 후각이 중요하다. 부패의 냄새는 신체에 해악을 끼칠 수 있는 위협을 미리 알려주는 기능을 한다. 박 사장은 기택이 선을 잘 지키지만 때론 "냄새가 선을 넘지……"라며 못마땅해한다. 그래서 불가피하게 그 보이지 않는 견고한 선을 넘어 역겨운 가난과 노동의 냄새가 상류층에 전달되는, "인간에 대한 예의가 붕괴되는 순간" 영화의 클라이맥스가 완성된다.

불평등은 어떤 한 집단이 다른 집단을 앞지르기 시작하면서 시작된다. 인생에 큰 도움이 되는 부모든, 더 많은 재능이나 노력 때문이든, 자유주의 담론에서 흔히 성취에 따른 적절한 보상으로 인정되는 이 거리와 차이는 결국 뒤처진 집단의 발전 가능성을 훼손하고 배제한다. 가장 근원적인 불평등은 생명 그 자체다. 발전된 국가에서도 하층은 상층보다 10년 이상 더 빨리 죽는다. 교육을 덜 받은 사람도 교육을 더 받은 사람보다 빨리 죽는다. 우리 사회의 박 사장들은 백수이자 반지하에 거주하는 기택들보다 훨씬 더 오래 살 수 있다.

코로나19로 우리도 아까운 생명을 많이 잃었지만, 우리는 한 해 동안 산업재해로 2000명 안팎의 노동자를 잃는 엄청난 산재 후진국이기도 하다. 자살률도 OECD 국가 중 최고여서 2019년 자살로 목숨을 잃은 사람은 1만3800명에 이르렀다.[14] 바이러스에 대한 전 사회적인 관심 속에서 이전보다 확연히 개선된 정부의 방역과 대처 역량은 돋보였다. 그렇다면 왜 이런 관심이 산재 예방이나 자살 예방에서는 발견되지 않을까? 계속해서 수많은 희생자를 내는 치명적인 전염병이 발생한 것과 유사한데 말이다.

코로나 바이러스와 산재, 자살이 사회에서 이처럼 다른 반응을 이끌어내는 이유는 명백하다. 바이러스는 부자가 포함된 불특정 다수를 감염시키지만 산재 사고는 영세, 중소, 하청업체의 최하층 노동자에게서 집중적으로 발생한다. 자살은 주로 정신적 문제를 겪는 청년과 생계가 어려운 노인, 무직자에 의해 집중적으로 행해진다. 미국이 총기 소유나 도심지 내 흑인 밀집 지역 범죄를 방치하는 것과 유사한 이유다. 만일 지금처럼 하층 유색인종이 또 다른 하층 유색인종을 죽이는 것으로 끝나지 않고 총기 범죄의 주된 대상에 백인 상류층이 포함되었더라면 미국 내 모든 정책 수단이 동원되어 이를 막았을 것이다. 함께 배우지도, 함께 생활하지도 않는 부자와 빈자는 서로에게 무감각해지고 있다. 가난하고 교육받지 못하면 더 빨리 죽는가? 일하다가 사고로 불구가 될 만큼 다칠 수 있는가? 일자리를 잃거나 사회의 차별과 혐오로 정신적인 상처를 입으면 스스로 목숨을 끊을 가능성이 높아지는가? 교육받은 부자가 이 문제를 해결할 능력이 더 클 테지만, 이미 안전하게 오래 살 수 있는 그들이 그 해결책에 관심을 기울일 이유가 없다. 하지만 과연 그럴까.

「기생충」이 미국 트럼프 대통령에게 환영받지 못한 이유는 가난한 자들의 불행이 나의 안정을 해칠지도 모른다는 부자의 은밀한 공포감을 자극했기 때문이다. 그러나 그 공포감은 복지국가와 노동기본권을 만들어낸 원동력이기도 했다. 봉준호 감독이 「기생충」을 통해 보여준 계급 간 혐오의 파괴력은 바로 그런 혐오를 극복하기 위해 필요했던 시의적절한 시각적 자극이었다.

혐오사회의 자살

우리는 혐오사회인가? 2021년도에 실시한 국가인권위원회의 만 15세 이상 남녀 1200명을 대상으로 한 조사에 따르면 그렇다. 조사 대상의 과반을 훨씬 넘는 70.3퍼센트가 온라인 혹은 오프라인 실생활에서 혐오 표현을 접한 경험이 있는 것으로 드러났다. 온라인에서 접한 혐오 표현의 대상은 여성(80.4퍼센트)이 가장 높았고, 특정 지역 출신(76.9퍼센트), 페미니스트(76.8퍼센트), 노인(72.5퍼센트), 남성(72퍼센트), 성소수자(71.5퍼센트), 장애인(67퍼센트) 순으로, 오프라인의 경우는 노인(69.2퍼센트), 특정 지역 출신(68.9퍼센트), 여성(67.4퍼센트), 페미니스트(64.8퍼센트), 장애인(61.9퍼센트), 성소수자(61.3퍼센트), 남성(57.7퍼센트) 순으로 나타났다. 혐오 표현이 이처럼 광범위하게 확산된 가장 중요한 원인에 대해 '우리 사회의 구조적 차별이 혐오 표현으로 드러난 것이다'라는 의견이 가장 높아 86.1퍼센트에 이르렀다. 인터넷 서비스에 대한 규제 부족, 자신의 어려움을 약자에게 드러내는 것, 언론의 보도 태도라고 보는 의견도 유사하게 높았으며, 정치인을 포함한 유명인의 혐오 표현 사용을 지적한 의견은 2년 전 조사에 비해 급증했다.[15]

차별과 혐오는 그 피해자를 자살로 내몰 수도 있다. 김승섭[16]에 따르면, 한국 성소수자의 자살 시도 비율은 일반인보다 9배가 높

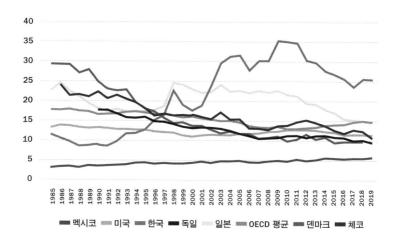

[그림 4] OECD 주요국의 자살률 비교(인구 10만 명당; 연령표준화 자살률), 1985~2019
자료: OECD, OECD Health Statistics; http://stats.oecd.org Health Status: Causes of Mortality(intentional Self-harm), 2022. 7.

다고 한다. 주목할 점은 같은 김승섭의 책에서 인용한 한 해외의 메타 분석 결과다. 성소수자의 자살 시도 유병률은 이성애자보다 두 배 이상 높은 2.5배였다. 2.5배도 높은 수치인데, 우리나라는 어떻게 9배라는 놀라운 수치를 얻게 되었을까. 한국인이 다른 국가 국민보다 성소수자에 대한 혐오 표현의 수준이 높다는 것을 의심하지 않을 수 없다. 실제로 성소수자에 대한 사회적 거리감은 장애인이나 탈북민, 이주노동자보다 높았다.[17] 정도의 차이는 있겠지만, 차별받을 때 자살 시도가 늘어난다는 것은 성소수자뿐 아니라 모든 소수자 집단에 적용될 수 있다. 그런 면에서 차별과 혐오는 우리가 수십 년간

OECD 국가 중 최고의 자살률을 기록하는 데 큰 원인이 된 것으로 추정된다. [그림 4]에 따르면 우리의 자살률은 1998년 외환위기 직후 한 번 급등한 후 경제가 안정되면서 하락했다가 그 후 계속 상승 곡선을 그렸다. 가장 자살률이 높았던 때는 2010년 전후 이명박 정부 시기로, 인구 10만 명당 자살 사망자 수가 무려 30명을 훨씬 더 웃돌았다. 그 후 천천히 하락하긴 했으나 아직도 OECD 국가 평균의 2.5배가 넘고, 2위권 국가와도 두 배 전후의 차이가 난다.

왜 이렇게 스스로 목숨을 거두는 불행이 발전된 국가 중 우리에게서만 유독 두드러지는지 [그림 5]와 [그림 6]을 통해 성별, 연령별로 좀더 세분화해서 살펴볼 필요가 있다. 한국에서 높은 자살률에 가장 큰 영향을 미친 인구 집단은 노인이었다. 2019년 기준 노인 자살률은 OECD 국가 평균보다 2.7배가 더 높아 전체 평균보다 더 큰 격차로 1위를 차지했다. 61세 이상 자살자의 자살 동기 중 가장 높은 비중을 차지한 것은 육체적 질병과 정신적 문제로, 각각 42.2퍼센트와 33.2퍼센트로 다른 요인들을 압도하고 있었다.[18] 노인들에게 차별 경험이 누적될수록 자살 생각과 시도를 통해 자살로 이어질 가능성이 높다는 많은 연구가 존재한다.[19] [그림 5]는 전 연령대에서 남성의 자살률이 여성보다 높지만, 특히 남성 노인의 자살률은 다른 연령대의 남성보다 여성 자살률과의 격차가 훨씬 더 크다는 사실을 보여준다. 차별 경험이 있는 사람이 자신보다 우월한 지위에 있는 직접적인 가해자 대신 사회적 약자인 다른 희생양을 찾아 분노와 적개심을 드러낼 수 있다는 좌절-공격성 이론을 활용한 한 연구[20]에 따

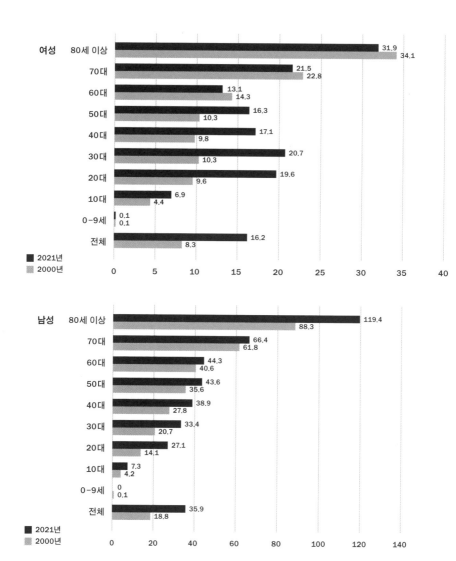

[그림 5] 성/연령별 자살률(인구 10만 명당 자살자 수): 2021년과 2000년 비교
자료: 통계청, '사망원인통계', 2022년 10월 31일 접속, https://gsis.kwdi.re.kr/statHtml/
statHtml.do?orgId=338&tblId=DT_LCB_0003&conn_path=I3.

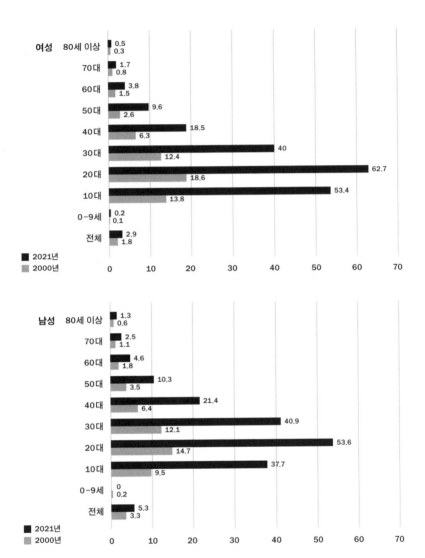

[그림 6] 성/연령별 전체 사망 원인 중 자살 비율, 2021년과 2000년 비교
자료: 통계청, '사망원인통계', 2022년 10월 31일 접속, https://kosis.kr/statHtml/statHtml.do?
orgId=101&tblId=DT_1B34E01&conn_path=I3
* 이 자료의 수치는 통계의 일관성 확보와 국제 비교 가능성 향상을 위해 지난 24간(1983~2007)
의 자료원 및 집계 방식 단일화 등 시계열을 보정한 결과로 기존의 공표 자료와 차이가 있음.

르면, 중년의 차별 경험이 노인에 대한 차별 행위를 높이는 데 노인의 지위에 대한 인식 변수가 중요한 조절 효과를 가지고 있었다. 즉, 노인의 지위를 낮게 평가할수록, 사회적 약자로 여길수록 차별받은 사람이 더 차별적인 행동을 할 개연성을 높였다는 것이다. 이 연구는 사회 전반적으로 차별 수준이 높아질수록 차별의 피해자가 또 다른 피해자를 양산해낼 수 있음을 보여준다. 남성 노인의 높은 자살률에 대해서는 아마 과거 노인이 존중받던 경험과 현재 노인이 된 자신의 지위 사이의 괴리감이 더 커서 더 심한 정신적 충격을 받는 것이 아닐까 하는 추론이 가능하다.

[그림 5]에서 두드러지는 또 다른 인구 집단은 20~30대 청년층, 특히 높은 자살률을 보이는 젊은 여성이다. 여성 20~30대의 자살률은 노인과 함께 OECD 국가 중 최고로 높다.[21] 대부분의 연령 집단에서 2000년에 비해 2021년 자살률이 더 높아졌다. 그러나 여성 20~30대의 경우 2000년에 비해 자살률이 두 배 이상 증가했는데, 이로 인해 이들 젊은 여성의 자살률은 중년 여성보다 현저히 높았고, 거의 70대 노인 여성의 자살률과 비슷한 수준이었다. 남성 20대의 자살률도 20년이 조금 넘는 기간에 두 배 가까이 증가했지만, 그래도 이들의 자살률은 30대 이상 남성의 자살률보다 높지는 않다. [그림 6]은 이들 젊은 청년층의 급격한 자살률 증가로 인해 전체 사망 원인 중 자살이 차지하는 비율도 함께 급증한 사실을 보여준다. 여기서도 눈길을 끄는 인구 집단은 20대 여성이다. 2000년 사망 원인의 단 18.6퍼센트에 불과했던 고의적 자해, 즉 자살이 2021년에는

무려 62.7퍼센트로 증가했다. 13.8퍼센트에서 53.4퍼센트로 증가한 10대 여성의 수치도 우려할 만하다. 10대의 경우, 다른 연령대와 비교해 남성과 여성의 자살률 차이가 거의 없다는 것도 특이한 점이다. 여성은 전 연령대에 걸쳐, 그리고 남성은 10대와 20대가 여러 자살 동기 중 정신적 문제가 차지하는 비율이 가장 높았다. 이 비율이 가장 높은 인구 집단은 20대 여성으로, 무려 58.4퍼센트를 차지했다.[22]

그렇다면 왜 젊은 여성은 자살에 이토록 취약해졌을까. 청년 자살에 대해 여러 전문가가 공동으로 분석한 결과[23]를 살펴보면, 그 기제는 두 가지 정도로 요약된다. 청년들은 능력주의 사회가 요구하는 완벽함을 충족시키지 못했을 때, 인정받으려는 노력이 무산되었을 때 극단적인 자기혐오가 생겨날 수 있다. 비교와 체면을 중시하는 집단주의 문화는 뒤처진 청년을 멸시하고 모욕해 이를 악화시킨다. 여성 청년은 이에 더해 남성 중심의 가부장적 문화가 자아내는 여러 종류의 위계와 차별을 더 많이 감수해야 한다. 사회에 나와 학교에서는 겪어보지 못한 심한 남녀 차별을 겪으며 "조금이라도 '다수의 의견'에 반하는 사람이라면 언제든 비난받거나 혐오의 대상이 될 수 있다는 불안과 공포를 느끼며 살아"[24]가야 하기 때문이다. 우리 사회 차별의 서사는 궁극적으로 자학과 죽음으로 연결되고 있었다.

제3부

차별받지 않는 마음을 위하여

제8장

차별금지법과
적극적 조치

예란 테르보른은『불평등의 킬링필드』[1]에서 지난 반세기 동안 성, 인종 등 실존적 불평등과 관련된 대대적인 진전이 있었다고 평가한다. 같은 시기, 소득/부의 불평등이 얼마나 악화되었는가를 떠올린다면 확실히 대조적인 현상이다. 그는 실존적 불평등의 해소가 전 세계에서 확산한 이유로, 소득 불평등과는 달리 실존적 불평등은 제로섬 게임이 아니라는 점을 든다. 소수자의 실존적 평등을 인정해준다 해도 경제적인 계급 구조의 최상층을 차지하는 사람의 지위가 위협받지 않기 때문이라는 것이다. 국가 간 제도적 모방도 무시할 수 없을 것이다. 이런 세계적 추세에서도 벗어나, 여전히 실존적 불평등과 소득/부의 이중 불평등이 계속되고 있는 우리나라에서는 차별금지법의 도입과 실효성 있는 적극적 조치 정책의 실행이 무엇보다 시급하다.

차별금지법이 필요한 이유

차별금지법에 대한 논의는 2000년대 초, '국민통합과 양성평등의 구현'을 국정과제로 삼았던 노무현 대통령으로부터 시작되었다. 이를 구현하기 위해 국가인권위원회는 약 3년간의 검토를 거쳐 2006년 정부(국무총리)에 차별금지법 제정을 권고해 우리나라 최초의 통합 차별금지법의 기틀을 마련했다. 이를 계기로 차별금지법의 제정 추진 업무를 법무부가 맡아 입법 예고까지 진행했으나, 제17대 국회가 끝나면서 성과 없이 폐기되었다. 이후로도 수차례 법안이 발의됐지만 모두 무산되었다. 차별금지법 제정이 권고된 지 무려 14년 후인 2020년 국가인권위원회는 다시 한번 국회에 차별금지법 제정 의견 표명을 결정했고, 2022년에도 국민 대다수가 차별금지법을 지지한다는 차별에 대한 인식 조사와 함께 제21대 국회에 차별금지법 제정을 촉구했다.[2]

　차별금지법에 대한 국민의 압도적인 지지를 받고서도 이처럼 장기간 제정되지 못하고 있다는 사실 자체가 이 법의 필요성을 역설적으로 방증한다. 국가인권위원회는 차별금지법의 목적을 인간의 존엄과 평등 실현으로 보면서 2006년 권고 법안에 기초해 2020년 6월 차별금지법 시안[3]을 마련한 바 있다. 성별, 장애, 고용 형태 등 차별을 금지하는 법들이 이미 존재하더라도 차별금지법이 마련되어야 하는 이유는, 존재하는 차별을 다 반영한 개별법을 모두 만들 수 없다는 현실적인 문제에 더해, 차별의 사유가 중첩되는 복합 차별의 경우 어느 사유에 근거했는지 각각 입증할 필요를 없애 여성 장애인과 같이 다중 소수자 지위에 있는 사람을 더 두텁게 보호할 수 있기 때문이다.[4] 즉, 차별금지법은 모든 개별 차별금지법의 준거가 되는 기본법으로서의 역할을 할 수 있는 것이다.

국가인권위원회의 2020년 차별금지법 시안에서 정의된 차별이란 합리적인 이유 없이 성별, 장애, 병력, 나이, 출신 국가, 출신 민족, 인종, 피부색, 출신 지역, 용모·유전 정보 등 신체 조건, 혼인 여부, 임신 또는 출산, 가족 형태 및 가족 상황, 종교, 사상 또는 정치적 의견, 전과, 성적 지향, 성별 정체성, 학력, 고용 형태, 사회적 신분 등을 이유로 고용, 재화·용역의 공급이나 이용, 교육기관의 교육 및 직업 훈련, 행정·사법 절차 및 서비스의 이용 및 제공의 영역에서 개인이나 집단을 분리, 구별, 제한, 배제하거나 불리하게 대우하는 행위를 의미한다. 국가인권위원회는 차별 사유가 너무 많다는 비판에 대해 이를 구체적으로 적시하는 것이 국제적 추세이며, 다른 국가에서는 더 많은 사유를 적시하기도 한다는 점을 들어 이 법안이 예외적이지 않음을 강조했다. 사회의 변화에 따라 차별의 사유가 다양해질 수 있는 만큼, 지체된 차별금지법이 이를 반영해 차별의 사유를 열거할 필요는 충분히 인정된다. 차별금지법은 또한 차별 구제의 실효성을 확보하기 위해서도 필요하다. 차별금지법 시안에는 국가 및 지방자치단체가 차별을 예방하고 시정할 책무와 함께 차별을 당한 피해자에 대한 소송 지원과 법원의 구제 조치, 악의적인 차별로 인정되는 경우 손해의 3~5배에 이르는 손해배상액, 차별을 당한 사람에 대한 불이익 조치의 금지 등 차별의 구제와 관련된 구체적인 내용이 담겨 있다.

구조적 차별이 작동하는 사회에서, 그 차별에 한 개인이 대항하는 것은 너무나 어렵고 힘들 뿐 아니라, 거의 불가능한 일이다. 대부분의 희생자가 체념하고 현실에 맞춰 살게 된다. 그로 인한 정신적, 육체적 손상이 너무 커지면 다른 소수자나 스스로를 혐오하는 마음마저 생길 수 있다. 차별금지법이 필요한 이유는 차별받는 사람들이 느끼는 감정에 영향을 주는 프레임 규칙과 감정 규칙의 큰 흐름을 바꾸기 위해서다. 차별금지법은 차별과 혐오가 차별받는 사람이 혼자서 감당해 적응해내야 할 그 무엇이 아니라, 국가에 의해 제재받고 고쳐져야 할 사회악임을 천명한다. 모든 국민의 다양한 특성은 상호 존중되어야 하며, 누구든 그 선을 넘어서 타인을 함부로 대할 수 없고, 만일 그 선을 넘는 사람이나 조직이 있다면 끝까지 찾아내 법적 책임을 지우겠다는 사회적 약속이다.

왜 차별금지법은 아직도 미완인가?

그러나 차별금지법 제정은 여전히 요원하다. 유엔 국제인권조약의 당사국으로서 국제사회로부터도 이미 여러 차례 제정 권고를 받은, 진정한 선진국을 의미하는 이 법을 우리는 왜 아직 제정하지 못하는 것일까? 아마도 찬란한 빛은 그만큼 짙고 어두운 그림자를 남기기 때문일지 모른다. 압축적 경제성장으로 한강의 기적을 이루었지만, 우리 사회는 다른 한편 극단적인 경제 양극화와 갈등적 노사관계라는 깊은 늪에 빠졌다. 지독했던 독재를 종결시킨 성공적인 민주화

운동의 강렬한 빛 속에서 사회적 소수자에 대한 차별금지처럼 실질적 민주주의를 실현하는 데 필수인 다른 이슈들이 시들어가고 있다. 경제발전의 속도를 따라잡지 못한 사회의 비극이다.

소수의 잘 조직된 집단이 원하는 법은 상대적으로 입법이 쉬운 것이듯, 다수가 원하더라도 소수의 잘 조직된 집단이 반대한다면 법의 통과는 어려울 수 있다. 기업들이 이 법에 부정적인 가장 큰 이유는 고용상의 차별금지와 그에 따른 손해배상 등에 대한 우려 때문이다. 그러나 이러한 이유로 현재의 차별적인 고용 관행을 지속하는 것은 급변하는 인구구조로 여성의 노동시장 참여율 제고가 필수적이고 세계화로 이민 노동력의 유입이 불가피한 현 상황에서 오히려 기업의 경쟁력을 후퇴시킬 뿐이다. 법 시안에 규정된 손해배상의 수준이 특별히 높은 것도 아니다. 이미 미국 및 상당수의 유럽 국가에서 악의적인 차별의 경우 징벌적 손해배상과 집단소송을 가능케 함으로써 법의 실효성 확보를 확실하게 보장하고 있다. 차별금지법은 우리 기업이 국제 표준에 맞는 기업 운영을 할 수 있도록 돕는 필수적인 규제다. 경제활동과 관련된 공정성이란 맥락에서, 능력주의 신념 체계의 확산에 영향을 받은 세대 구성원 일부는 '학력'이나 '고용 형태'가 차별 사유에 포함되는 것에 대해 의문을 제기하는 것으로 보인다.[5] 하지만 국가인권위원회가 강조한 바와 같이, 평등법이 규제하고자 하는 차별 행위란 '합리적 이유 없이' 다르게 취급하는 행위에 한정된다. 바로 그 합리성에 맞게 처우하는 방식을 찾아나가는 것이 우리 사회를 더 평등하고 공정하게 만드는 길이기도 하다.

경제계의 반대에 비해, 일부 기독교인을 중심으로 하는 종교계의 반발은 더 거세며, 그 파급효과도 크다. 실제로 2006년 차별금지법 권고 법안에 포함되었던 성소수자 관련 규정이 기독교 관련 단체의 요구에 따라 입법 예고를 거친 법무부 안에서 모두 삭제된 적이 있다. 또한 2013년 당시 민주통합당 두 의원이 발의한 법안도 일부 기독교계의 조직적인 공격을 받아 철회되었다.[6] 차별금지법이 종교의 자유를 침해한다는 의견은 사실과 다르다. 국가인권위원회는, 동성애가 교리에 반한다는 입장에 따라 교회에서 목사가 교리나 견해를 설교하거나 거리에서 전도하거나 나아가 군중집회에서 그와 같은 주장 및 전파를 하는 것은, 그러한 행위가 과연 바람직한가의 여부는 별론으로 하고, 차별금지법의 적용을 받지 않는다는 것을 명확하게 밝혔다. 평등법이 '불리한 대우를 표시, 조장하는 광고 행위'를 차별로 보고 있지만 이는 정부 광고나 옥외광고 등 법률에서 정하는 협소한 행위에 한정된 것이다. 유엔 사회권규약 위원회는 성적 지향, 성 정체성, 분류하기 어려운 성에 대한 차별을 모두 금지하고 있으며, 국제 인권 규범도 이들을 차별금지의 보호 대상으로 삼고 있다.[7]

차별금지법에 대한 경제계의 반대가 익숙한 차별적 관행을 바꿔야 할 때 발생할지 모르는 불편과 금전상의 손해 가능성에 근거하고 있다면, 일부 종교계의 반발은 그 종교로 인해 구성된 신념 체계와 세계관을 바꿔야 하는 만큼, 이를 극복하기가 훨씬 더 어렵다. 그래서 국제 규범상의 필요성에 초점이 맞춰진 주장을 넘어서는, 종교인의 자유가 소중한 것만큼 성적 소수자의 차별받지 않을 자유도 소중

하다는 감정적인 호소가 필요할지도 모른다. 소설 『리스본행 야간열차』[8]의 주인공 아마데우의 졸업식 학생 연설에서처럼, "신이 아무런 이유 없이 어떤 사람을 불행에 빠뜨리는 것이, 평범한 사람이 그러는 것보다 덜 부당할 이유는 뭔가?" 아니면, 가톨릭계 학교를 배경으로 고지식하고 전통적인 알로이시스 수녀가 새로 부임한 진보적인 플린 신부가 흑인 소년을 성추행했으리라 확신하고 그를 교구에서 떠나게 만든다는 영화 「다우트Doubt」[9]에서 게이이자 흑인인 아들, 도널드 밀러를 둔 어머니의 절망적인 목소리를 함께 들어보는 것은 어떨까.

영화 「다우트」는 결론이 명확히 나지 않아 일각에서 비판이 제기됐다. 확실한 증거가 없었으므로 플린 신부는 다른 교구로 옮긴다. 심지어 더 나은 곳이다. 가톨릭 교회에서 발생한 아동 대상 성범죄와 그에 대한 조직적 은폐가 알려지던 시기인 만큼 성범죄를 저질렀다고 여겨지는 신부가 제대로 된 처벌을 받지 않았다는 것에 분노한 관객이 있었던 반면, 영화를 보며 진보적인 신부의 무고함을 믿게 된 관객은 수녀의 잘못된 확신과 편견에 찬 태도에 분노했다. 이 영화의 원작자이자 감독은 이런 열린 결말을 통해 진실은 우리가 믿는 것보다 훨씬 더 복잡한 무엇임을 말하고 싶었던 듯하다. 내가 주목한 장면은 흑인 소년의 어머니 역을 맡았던 당시의 무명 배우 비올라 데이비스와 알로이시스 수녀를 연기했던 메릴 스트리프 사이에 이어진 약 10분간의 대화였다. 알로이시스 수녀는 도널드 밀러 학생의 어머니를 만나 플린 신부의 비행을 알리고자 하지만, 자신의 아들이 게이이며 플린 신부를 좋아한다는 사실을 아는 어머니는 이를 밝히려는 수녀를 오히려 불편해한다.

수녀 : 밀러 부인, 문제가 생겼어요. 제 생각에 그 신부가 아드님과 적절치 못한 관계를 가지려고 했거나 이미 가졌다고 봅니다.

어머니 : 난 몰라요. 확실치 않다면서 어떻게 알아요?

수녀 : 무슨 어머니가 이래요?

어머니 : 미안해요. 실례지만 수녀님은 그런 말을 할 만큼 인생에 대해 아는 게 없으시군요, 수녀님. 이론은 알아도 실제로는 모르시죠.

수녀 : 이 사람이 제 학교에 있어요.

어머니 : 어딘가는 있어야겠죠. 좋은 일을 하는지도 몰라요.

수녀 : 남자아이들을 노린다고요!

어머니 : 그걸 원하는 아이도 있겠죠!

결국 소년의 어머니는 자신의 아들이 게이임을 밝히지만, 수녀는 플린 신부의 잘못을 밝히려는 의지를 꺾지 않는다.

수녀 : 무슨 말씀이시죠?

어머니 : 아이의 성향the boy's nature에 대한 일이에요. 걔가 한 일에 대해서가 아니라요. 하느님이 그렇게 만드신 건 아이 잘못이 아니죠.

수녀: 제가 관심 있는 건 일어난 일뿐입니다.

어머니: 하지만 아이의 성향이 있잖아요.

수녀: 그건 상관없어요.

어머니: 그럼 됐어요. 억지로 말하게 하려는 건 당신이니까요……. 제 아들이 이 학교로 온 것은 공립학교에서 아이를 죽이려고 했기 때문이에요. 그 애 아버지도 그 애를 싫어하죠. 이 학교에 오니 아이들이 그 애를 싫어해요. 잘해주는 사람은 그 신부밖에 없고요. 그 사람에게 다른 의도가 있을까요? 그렇겠죠. 다들 그래요. 다들 이유가 있죠. 왜 아들에게 잘해주느냐고 그 사람에게 물어라도 볼까요? 아뇨. 이유는 상관없어요. 내 아들은 관심을 가져주는 남자가 필요해요. 그 애가 목표로 하는 곳까지 인도해줄 사람요. 이 학식 있는 남자가 자비심을 갖고 그렇게 해준다니 고마울 따름이죠.

흑인 소년 도널드 밀러는 중첩된 차별의 희생자다. 공립학교에서의 인종차별을 견디지 못해 자신만 제외하고 모두 백인 학생인 가톨릭 학교로 두 달 전에 전학을 오게 되었다. 알로이시스 수녀는 이렇듯 고립된 처지를 플린 신부가 악용했다고 생각하지만, 정작 수녀 본인은 인종차별적이다. 교구의 대다수 백인 학부모를 고려해 크리스마스 행사 때 밀러 학생을 너무 숨기거나 앞세우지 말라는 수녀의 말에 플린 신부는 격분하며 모든 아이를 똑같이 대해야 한다고 소리친다. 우리는 이 친절하고 개방적인 플린 신부가 흑인 소년을 대상으로 성범죄를 저질렀는가의 여부를 모른다. 그러나 학생이 이렇듯 고립된다면 나쁜 의도를 가진 권력자에게 쉽게 희생될 가능성이 크다는 수녀의 추론은 옳다. 수녀가 의심이 가는 혐의자의 처벌에 몰입하는 것보다 더 많이 고민해야 했던 진실은 모든 소수자 집단에 대한 차별과 편견이 이런 문제에 직면했을 때 피해자가 범죄를 드러낼 용기 자체를 꺾을 수 있다는 것이다. 그것이 가톨릭 배경의 학교에 다니는 성소수자라면 더욱더. 따라서 정의 구현을 원하는 이 세상의 모든 알로이시스 수녀들은 무엇보다 차별적인 구조를 먼저 고치려고 노력해야 한다. 왜냐하면, 흑인 학생의 어머니가 눈물로 호소했듯이, 도널드 밀러의 성향을 "하느님이 그렇게 만드신 것은 아이 잘못이 아니"기 때문이다.

늘 살던 대로 살고 하던 대로 하면 아무것도 바꿀 수 없다. 성 관련 문제가 최근 들어 우리 사회에서 점점 더 많이 발생하는 것은 그전에는 이런 일이 발생하지 않았기 때문이 아니다. 지금에 이르러서야 피해자가 그동안 주어지지 않았던 발화의 기회를 갖기 시작했기 때문이다. 모든 빛이 긴 그림자를 드리우듯, 그림자 역시 빛을 향해 다시 나아가고자 하는 간절함을 안고 있다. 미투 이후 발생한 여러 비극적 사건을 계기로 수많은 여성이 조용히 일을 그만두고 말없이 피해 현장을 떠나는 일이 더 이상 계속되지 못하게 해야 한다. 직장 내 위계에 의한 성희롱과 성폭력은 노동자의 존엄성이나 정신적, 신체적 온전함에 악영향을 끼치는 것을 넘어 여성이 노동시장에서 경력을 쌓는 것을 막고 인적자본의 축적을 방해한다. 윤리적으로 큰 문제가 있는 행위일 뿐 아니라 이를 방임하는 조직이나 당하는 사람에게 모두 이롭지 못한 일이다.

정신분석학자 융은 우리에게 숨겨진 무의식의 요소를 그림자로 설명한다. 외부에 공개되는 도덕적이고 선한 자아의식에 포함되지 못한 억압된 본능인 그림자는 우리가 이를 부정하고 억누를수록 더욱더 어둡고 위협적으로 변해간다. 따라서 우리 삶의 주요 과업은 페르소나와 그림자의 통합을 통해 한 단계 더 진전하는 것이다. 그림자의 원형은 개인에게만 존재하지 않고 집단적으로도 존재한다. 제어되지 않은 차별적 행위들로 인해 지금 우리 사회에 짙게 드리워진 그림자를 밝은 빛 속으로 다시 끌어내는 것, 그래서 그 어두움과 용감하게 대면하는 것, 그것이 계속 진행 중인 이 비극의 치유가 시작되는 순간이 될 수도 있다.

적극적 조치: 행정적 실용주의

차별금지법의 실효성을 높이기 위해서는 과거의 차별적 처우에 대해 보상하고 현재의 차별을 개선하기 위해 한시적으로 소수 집단을 우대하는 적극적 조치가 병행될 필요가 있다. 차별을 법으로 금지한다 해도, 차별하는 사람의 악의적 의도를 증명해내고 처벌하는 일이 항상 가능한 것은 아니며, 가장 고치기 어려운 차별은 차별하는 사람조차 인지하지 못한 채 조직에 뿌리 깊이 박힌 기존 관행에 따라 하던 대로 하는 과정에서 발생하기 때문이다. 실제로 미국에서 1960년대에 극심한 사회 혼란을 겪고 도입된 차별금지법의 구제 효과는 제한적이었다. 예산과 인력 부족으로 한 사건의 해결에 2년에 가까운 시일이 필요했던 만큼 설립 초기 평등고용기회위원회Equal Employment Opportunity Commission에는 10여 만 건의 해결되지 못한 사건이 누적되었다. 이런 시행착오 끝에 특정인을 인종차별주의자나 성차별주의자로 지목하기보다 소수자 집단을 '저활용'하는 조직의 관행을 선제적으로 바꿀 기회를 주는 것이 더 나은 방법으로 여겨지기 시작했다. 즉, 적극적 조치는 최소한의 비용으로 가장 효율적인 성과를 얻고자 했던 행정상의 실용주의로 활성화된 정책이었다.[10]

적극적 조치는 거의 모든 선진국이 채택하고 있는 보편적인 정책이지만, 극심한 인종차별의 역사로 인해 특히 미국에서 다양한 방식으로 시도되었다. 미국의 적극적 조치는 단 하나의 정책이라기보다는 매우 다양한 법제와 판례로 구성되어 있으며, 적용되는 분야도 고용뿐 아니라 교육과 사업 등을 포함해 매우 광범위하다. 미국의 가장 대표적인 고용상의 적극적 조치는 국가와 계약을 체결하고자 하는 기업에 고용평등이행계획서를 제출하게 하고 그 진행을 모니터링하는 계약준수제다. 정부의 직접적인 규제가 어려운 사기업에 적극적 조치를 도입하기 위한 방안으로 시민권법 제7편과 린든 존슨 대통령 행정명령 11246호에 근거하여 마련되었다. 연방정부와 일정 금액 이상의 계약을 체결한 사업자 및 그 산하 사업장에서 여성과 소수민족 등에 대한 고용 기회를 확대하도록 요구하고, 만일

194

이들 기업이 적극적 조치의 이행에 실패한다면 계약된 자금의 지급 보류 혹은 계약 취소와 같은 제재를 가하는 것이 정책의 핵심 내용이다.[11] 계약준수제는 노동시장에서 발생하는 차별 시정에 일정한 기여를 한 것으로 평가되고 있다.[12]

그러나 1960~1970년대 미국 적극적 조치의 이런 긍정적 효과는 안정적인 경제성장으로 일자리를 둘러싼 성별·인종별 경쟁이 적었던 유리한 경영 환경에서 기인하기도 했다. 이 시기에는 또한 상대적으로 진보적인 정부의 적극적인 규제 노력이 뒷받침되기도 했다. 1978년과 1979년, 민주당의 지미 카터 대통령 정권에서 그 어느 기간보다 더 많은 계약 해지가 일어났는데, 덕분에 가장 많은 수의 소수자 집단이 노동시장에 진출할 수 있었다. 반면 기술 발전과 자동화, 구조조정이 상시화되던 1980~1990년대 미국에서는 적극적 조치로 자신들의 일자리에 대해 위기감을 느낀 백인 남성을 중심으로 역차별 주장이 본격적으로 제기되었으며, 그로 인해 행정상의 규제력이 감소한 것도 사실이다.[13] 정치적 맥락에 의존적인 적극적 조치의 취약성은 차별과 불평등에 대한 근본적인 문제 제기에 기반하지 못한 행정적 실용주의의 한계이기도 하다. 그래서 남성과 백인이 상징하는 권위와 특권에 대한 도전 및 재구성보다는 결과에 대한 치료에만 관심을 가진 보수적인 정책의 한계라는 비판도 존재한다.[14]

우리 역시 정치적 맥락에 따라 적극적 조치에 대한 정부의 추진력에 차이가 있지만, 그보다 더 중요한 한계는 차별금지법조차 제정되지 못한 채 정부 주도로 시행되고 있다는 점이다. 미국 전역을 뒤

흔든 흑인 민권운동과 같은 저항과 집단행동 없이, 해외의 정책 사례에 의존한 우리의 적극적 조치는 의도한 효과를 제대로 보고 있지 못하다. 교육과 관련된 적극적 조치인 사회배려자 전형이나 지역균형선발은 그 조건의 적합성 여부를 두고 논란이 계속되고 있다. 공공부문에서 특정 성이나 지방 출신이 채용 목표 비율에 미달할 때 추가 합격시키는 양성평등 및 지방인재 채용목표제, 그리고 장애인 구분모집제, 여성관리자 임용목표관리 등이 실시되고 있지만, 이 역시 미미한 성과에 비해 반발하는 목소리가 더 크다. 일정 규모 이상의 사기업에 적용되는 적극적 고용개선조치는, 미국의 계약준수제를 참고해 도입된 만큼 우리나라에서도 대표적인 고용상의 적극적 조치 정책이지만, 기업의 정책 수용도가 낮은 상태에서 미국과는 달리 계약 해지와 같은 실질적인 제재 없이 형식적으로만 운영되고 있다.

제도의 시행만으로는 그 성과를 담보할 수 없다. 적극적 고용개선조치는 산업별, 규모별 여성 고용 평균 및 여성 관리직 평균의 70퍼센트에 미달하는 경우라는 시행계획서 작성 조건 자체가 제한적이었다. 평균 자체가 과거의 차별적 관행을 반영해 낮은 현실에서 간접차별을 의심할 수 있는 5분의 4 법칙에서 지나치게 완화된 기준이기 때문이다. 또한 일정 규모 이상의 기업이 극소수인 산업의 경우, 기업 간 여성고용지표의 표준편차가 작다면 아예 평균의 70퍼센트에 미달하는 기업 자체가 없을 수도 있다. 가장 큰 문제는 여성 고용의 양에만 초점을 맞출 뿐, 여성의 비정규직 규모를 따로 보고하도록 하고 있지 않아 고용의 질을 평가하는 기준 자체가 없다는 점이다.[15] 1990년대 후반, 외환위기를 전후로 가속화된 정규직의 비정규직화는 성 중립적인 과정이 아니었다. 여성이 더 많이 해고되고, 여성이 대부분인 직무의 비정규직화가 더 가속화되었다. 비정규직이나 무기계약직으로 직군이 분리되면 차별 상황을 은폐하게 되고 궁극적으로는 더 심한 임금과 노동 조건, 승진상의 격차를 발생시킨다. 고용된 여성 중 비정규직이 상당수인 현 상황에서 이것의 시정을 고려하지 않는 적극적 조치가 과연 제대로 된 결과를 얻을 수 있을지 그 의도의 진정성을 의심할 수밖에 없다. 이 제도가 시행된 지 10여 년이 흘렀지만, 유리천장지수는 최하위를 탈출할 기미를 보이지 않으며, 성별 임금 격차는 최상위권을 유지 중이다.

적극적 조치는 역차별?

적극적 조치는 인종이나 성 등 소수자의 다양성을 확보하는 것이 해당 조직은 물론 균형 있는 사회발전을 위해 필수라는 관점에서, 과거나 현재의 차별로 인한 피해를 보상하기 위해 단순한 차별금지를 넘어서는 국가의 적극적 개입과 행동을 요구한다. 여러 한계점이 있기는 하지만, 적극적 조치는 좀더 평등한 관계를 이끌어낼 전제 조건으로서의 사회구조에 일정한 변화를 유발할 수 있다는 점에서 그 중요성이 무시되어서는 안 된다. 그러나 이 제도는 국가의 이러한 적극적 행동을 역차별이라고 비판하는 목소리로 인해 많은 논란을 불러일으켜왔다. 특히 우리나라에서는 고용과 관련된 적극적 조치가 남성에 대한 역차별이라는 주장이 제기된다. 그러나 이것은 남녀의 고용 현실이 평등한 상태에서만 나올 수 있는 반론이다. 우리처럼 노동시장에 이미 상당한 차별이 존재한다면 적극적 조치는 역차별보다는 오히려 불평등한 기회를 평등하게 만드는 데 "level the playing field" 기여한다.

　우리보다 앞서 적극적 조치를 실시했던 미국의 경우, 능력이 부족한 여성을 고용하거나 승진시킴에 따라 경제의 효율성이 감소한다는 반론이 제기된 바 있다. 역차별에 대한 좀더 세련된 문제 제기다. 통계적 차별이 존재하는 상황에서 기업이 적극적 조치에 따라 여성 고용의 목표치를 달성해야 할 경우, 여성은 자격이 미달하더라도 채용되거나 승진할 수 있으므로 인적자본에 대한 투자를 소홀히 할 동기가 생겨나며, 그 결과 남녀 간 능력의 불일치가 지속되어 여성의 생산성에 대한 기업의 부정적 인식을 고착시키는 결과를 초래한다는 것이다.[16] 이런 균형 아래서는 여성의 생산성이 남성보다 항상 낮게 되며, 따라서 적극적 조치는 한시적으로 끝나지 못하고 영원히 지속되어야만 한다.

　그러나 이런 비판 논리는 다시 강력한 반론을 불러왔다. 기술이나 직무는 단순히 자격이 있거나 없거나 하는 이분법으로 존재하지 않는다. 이 수준이 연속적으로 존재하는 상태라면 인적자원에 대한 투자도 연속적으로 존재한다고 봐야 한다. 적극적 조치가 특정 직무에서 여성에게 요구되는 기술 수준을 낮출 수 있다면, 이는 더 높은 수준의 직무에 도전하고자 하는 여성의 투자 의지를 더 높일 수도 있다. 적극적 조치로 인해 여성의 인적자본 투자에 대한 보상이 이전보다 높아짐에 따라 인적자본 개발에 대한 동기부여가 활성화되어 오히려 효율성이 증대할 수 있는 것이다. 물론 때로 낮은 자질의 여성을 더 많은 기술이 요구되는 일자리에 배치함으로써 생기는 비효율성이 있을 수 있다. 그러나 같은 맥락에서, 더 나은 자질을 가진 여성을 낮은 수준의 일자리에 앉힘으로써 생기는 비효율성도 있음을 간과해서는 안 될 것이다.[17] 차별로 인해 여성이 적절한 자리에 배치되지 못하고 능력과 자질에 못 미치는 낮은 직급에서 일하게 되면 총 산출물은 감소하고 시장 임금도 그만큼 낮아진다. 차별이 없는 경우에 비해 경제적 비효율이 초래될 수 있는 것이다. 적극적 조치는 남녀 모두에게 더 많은 인적자본이 요구되는 일자리에 배치될 공정한 기회를 부여하는 것이다.

적극적 조치에 대한 역차별 논란은 종종 능력주의의 쇠퇴를 이유로 제기되기도 한다. 그러나 고용상의 적극적 조치가 요구하는 자체 검증 기준과 위반 시 정부 제재의 가능성은 남성 인맥에 의존해 채용과 승진이 이루어지는 것을 방지하고 오히려 진정한 의미의 능력주의를 강화할 수 있다. 실제로 적극적 조치가 도입되던 시기에 미국 기업들은 인사 결정을 공식화·합리화했으며, 능력에 기초한 인사고과 시스템에 기반해 채용, 승진 및 배치, 그리고 기업의 인적자원 개발에 있어 매우 공정하고 철저히 성과에 기반한 체제를 구축했다. 새로운 인사 관행이 더 광범위한 인구 집단에 기회를 확대함에 따라 기업 전체 인력 활용은 극대화되었다. 1980년 이후 보수당의 집권으로 연방정부의 집행 의지가 약화되었을 때에도 기업의 최고 경영자들이 다양성 경영^{diversity management}을 도입해 적극적 조치의 긍정적 효과를 계속해서 얻고자 한 이유이기도 하다.[18]

적극적 조치는 역차별이 아니지만, 또한 만병통치약도 아니다. 빌 클린턴 대통령은 적극적 조치에 대한 반격에 대응하면서, 이 정책이 모든 경제적 문제의 원인이 아닌 것처럼, 여성 등 소수자 집단의 모든 문제를 해결할 수도 없음을 강조한 바 있다.[19] 우리가 적극적 조치와 함께 사회 전반적인 차별과 불평등 개선에 기여할 수 있는 다른 제도에도 끊임없이 관심을 기울여야 하는 이유다.

제9장

기본소득과 기본서비스:
한국 사회 평등의 에토스를 위하여

차별은 평등한 사회보다 불평등한 사회에서 더 날카롭게 작동하며, 이에 대한 민감도도 낮아진다. 우리 사회의 차별이 지나친 경쟁과 기회의 부족, 그로 인해 왜곡된 능력주의로 더 확산되고 있는 만큼, 이러한 구조적 맥락을 바꾸기 위해 사회를 좀더 평등하게 만들 수 있는 근본적인 정책에 관해 관심을 가져야 할 때다. 모든 시민에게 조건 없이 보장되는 보편적인 기본소득과 필수적인 사회서비스에 대한 보편적인 보장인 기본서비스는 차별하는 구조를 재배열할 기회를 제공할 수 있다.

코로나19 이후 노동의 미래

영국의 저명한 경제학자 존 메이너드 케인스는 1930년 발표한 에세이 「우리 손주 시대의 경제적 가능성」[1]에서 급속한 기술 발전과 생산성 향상으로 100년 안에 우리는 모두 주당 15시간, 즉 하루에 단 3시간 혹은 주 이틀만 일하고 살 것이라고 예견한 바 있다. 주 52시간 한도도 부족하다며 탄력근로제로 큰 논란이 일었고, 노동 시간을 더 늘리고자 하는 보수 정부와 기업의 시도가 지속되는 우리나라에서 10년 안에 이처럼 급속하게 노동 시간이 줄어들 것 같지는 않다. 아니, 4차 산업혁명의 전개로 아마 그렇게 될 수 있을지도 모르겠다. 그러나 이 경우도 케인스의 예측이 맞았다고 하긴 어렵다. 대다수가 주 15시간을 일하는 것이 아니라 소수는 계속 장시간 노동에 시달리고 다수는 초단시간 노동과 실업을 오가며 살게 되는 세상을 그가 예상했던 것은 아닐 테니 말이다. 급격한 기술 변동에 코로나19로 인한 어려움마저 겹친 이처럼 불확실한 순간, 유일하게 확신할 수 있는 것은 위기가 다행히 잦아든다 해도 아마 그 이전 시기로 완전히 돌아가기는 어려울 것이라는 정도다. 국가 간 물리적 이동 감소를 포함한 반세계화 추세, 글로벌 공급 체인 교란, 대면 노동 기피, AI 등을 통한 자동화 급증과 노동력 수요 감소, 경기 침체 장기화, 지금보다 더 심한 수준의 중산층 붕괴 등 최악의 상황도 예측 가능한 범위 안에 들어와 있다.

우리 기업가와 경제 전문가들이 높이 평가하는 미국의 유연한 고용 체계는 기업의 금융화 과정에서 생겨난 부산물이다. 단기적 재무제표상의 성과 추구는 기술 혁신이나 숙련에 대한 저투자를 유발한다. 가계저축을 잡아먹는 뮤추얼펀드의 집중적인 투자 수혜를 받아도 해외의 값싼 노동력을 이용하는 대기업은 미국 내 고용을 증가시키지도 못한다. 이 과정에서 고소득자는 지속적으로 부와 소득에 대한 세금을 낮추려 하고 그로 인해 불평등은 심화되며 재정은 위기 상태이고 공공 서비스는 삭감된다. 앞으로 더 확대되리라 예상되는 비자발적 실업은 자본주의 경제체제의 가장 치명적인 약점이다. 기술 변화로 발생하는 실업자를 도움 없이 방치하면 결국 빈곤이 확산되고 질병과 범죄의 빈도도 증가한다. 빈곤은 불가피하게 공적 부조를, 질병은 의료비를, 범죄는 범죄자를 수용하기 위한 엄청난 시설과 노동력을 요구한다. 예산을 아끼는 것이 오히려 더 큰 국가적·사회적 비용을 유발하는 것이다.

코로나19 이전부터도 최악이었던 불안정 노동자에 대한 대책으로 전 국민 고용보험제도가 논의된 바 있다. 이 제도는 전통적인 고용관계의 형해화를 막고 그 정규성이 주는 장점을 유지하고자 하는 제도다. 일차적인 사회안전망일 뿐 아니라 기본적인 수요를 유지해주는 효과적인 경기정책이 될 수 있다. 직업훈련과 재취업 지원 등 실업급여를 넘어서는 다양한 지원도 가능하다. 문제는 보험의 한계와 보장의 한시성이다. 20세기 단일한 고용주와 안정된 일자리를 전제로 디자인된 고용보험은 21세기 노동시장의 불안정성과 역동성을 충분히 담보하기 어려울 수 있다. 임금 대신 소득으로 일자리 상실 여부를 파악한다 해도 그 소득조차 현금으로 받거나 증빙할 수 없는 더 어려운 형편의 노동자가 더 보호받기 어렵다. 또한 가입 기간이 짧을수록 실업급여의 수급일 수도 줄어들며, 임금이나 소득이 처음부터 발생하지 않는 경우, 즉 미취업 청년 실망실업자 등 비경제활동 인구에 대한 혜택은 없다.

특정 제도는 그 제도가 배태된 사회적 맥락과 다른 제도와의 관계 속에서만 기대한 효과가 나타난다. 기술 발전의 수준이 모든 사회적 삶을 정형화하는 것도 아니다. 유사한 선진국이지만 프랑스에서는 주 35시간 노동이 법제화되어 대부분 적은 시간 동안만 일하고 있는 반면, 영국에서는 초단시간 노동과 48시간 이상 일하는 장시간 노동이 공존한다. 노동 시간을 사용자가 일방적으로 결정하는 미국에서는 코로나19로 많은 실업자가 생겨났지만 단체교섭으로 노동 시간을 일부 줄여 해고를 막은 독일은 상대적으로 실업률이 낮았다. 케인스의 예측을 빗나가게 했던 변수는 정치였다. 최소한 우리의 손주들이 우리에게 그렇게 중요했던 그 순간 왜 아무 일도 하지 않았는지 묻지는 않도록 만들어야 한다.

새로운 대안으로서의 기본소득

재난과 불행은 위기에 취약한 현실을 넘어 새로운 대안을 고민하고 실현할 동력을 제공한다. 마치 20세기 초 전 세계를 휩쓴 대공황이 케인스주의 복지국가를 보편화시킨 것처럼 세계 경제를 심각한 위기에 빠트린 코로나19가 기본소득에 대한 전 지구적 관심과 실험을 촉발시켰다. 기본소득의 원론적 의미는 국가가 개별 시민에게 조건 없이 생계를 유지하는 데 필수적인 현금을 지원하는 것이다. 코로나19 시기에 지급되었던 소액의 재난 기본소득이 기본소득 본래의 취지와 다르다는 논쟁은 그리 중요하지 않다. 제도는 대체로 점진적으로 발전한다. 지속적인 경제 위기나 자동화 등 기술 혁신으로 재난에 준하는 고용 환경이 지속될 때 재난 기본소득이 결여하고 있는 보편성과 정기성의 원칙이 추가될 중요한 저변 확대가 이루어질 수 있다. 기본소득은 고용과 무관한 시민권으로 무조건적으로 지급되는 만큼, 기존의 복지국가에서 안정된 직장을 가진 사람과 그 가족을 위주로 혜택이 집중되는 문제를 해결할 수 있다.[2] 특히 플랫폼 노동과 같이 고용에 기반한 사회보장이 제대로 작동하기 어려울 때 그 유용성이 더 부각된다. 아프면 노동자에게 쉬라고 하지만 그게 가장 실천하기 어려운 지침인 세상, 최상의 서비스에 대한 대가로 노동자에 대한 정신적·육체적 학대가 가능한 세상에서 우리는 재난 기본소득을 시작으로 리얼 유토피아를 향한 어려운 첫걸음을 걷기 시작했다.

기본소득은 주로 언급되는 선별 비용뿐 아니라 복지 제공에서의 선별 오류와 잘못된 추정의 가능성까지 최소화할 수 있는 제도다. 장기간 일자리를 찾지 못하는 취업준비생과 비정규직, 더 나아가 특수고용직 등 모호한 고용관계 아래서 노동자에게 안정된 일자리를 전제로 하는 사회보험은 무용지물이다. 기초생활보장제도에 부양의무자 기준을 두는 것도 모든 가족이 서로 사랑하고 가진 것을 공평하게 나누어 가질 것이라는, 아름답지만 다소 공허한 판타지를 전제로 한다. 자격 없는 자에게 혜택을 주지 않기 위해 받아야 할 사람에게까지 혜택을 주지 못하는 것을 감수하는 일이 옳을까, 아니면 몇몇 자격 없는 이가 혜택을 받는다 해도 자격 있는 이가 빠짐없이 혜택을 받을 수 있게 하는 것이 옳을까. 기본소득은 후자에 속한다.

기본소득은 또한 우리를 생계의 위협으로부터 자유롭게 해준다. 아직 가보지 못한 이 세계의 시민은 의존적이고 노력하지 않는 인생을 살 것인가, 아니면 더 혁신하고 도전하는 삶을 누리게 될 것인가. 물론 섣부른 진단을 하긴 어렵다. 기본소득의 수준, 적극적인 노동시장 정책 등 유관 제도의 적절성, 공동체의 유지와 발전에 기여하고자 하는 시민 의식과 같은 여러 사회경제적 맥락에 따라 달라질 수 있다. 그러나 기본소득은 경제의 역동성을 증진시킬 여러 가능성을 품고 있다. 노동자의 기술 변화에 대한 수용성을 높이고 청년을 공무원 시험 준비에서 해방시켜 새로운 창업과 의미 있는 사회적 기획에 더 많이 참여시킬 수 있다. 또한 저임금 노사관계에 근본적인 변화를 가져오기도 한다. 최소한의 생계를 보장할 소득이 있다면 힘들고 위험한 저임금 일자리를 선택하지 않을 수 있고 이는 조직과 기술 혁신을 통해 해당 일자리의 질적 개선을 가능케 할 수 있다. 또 한 가지 잊지 말아야 할 사실은 선별적 복지 역시 부정 수급과 노동 의욕의 쇠퇴를 방지할 수 있는 제도가 전혀 아니라는 점이다.

아직 중요한 질문이 남아 있다. 기본소득이 과연 정치적으로 가능할까? 중산층 이상의 고소득층만 아니라면 추가적인 세금 부담보다 더 많은 기본소득을 받게 되겠지만 당장의 증세에 민감한 시민들을 설득하는 작업이 쉽지는 않을 것이다. 또한 곤궁하지 않다면 더 열심히 일하지 않을 것이란 가정하에 노동자의 경제적 어려움이 지속되기를 기대하는 저열한 윤리의식이 남아 있는 사회에서 일하지 않는 자에게 왜 "무조건적"으로 소득을 지급해야 하는지 설명하기 위해서는 코페르니쿠스적인 발상의 전환이 필요할지도 모른다. 하지만 나는 감히 희망한다. 불과 수백 년 전에는 지구가 세상의 중심이고 태양이 지구를 돈다고 생각했다. 아니, 단지 생각만 했던 게 아니다. 지구가 태양을 돌고 있다고 알았던 수많은 사람을 단지 그렇게 말했다는 이유만으로 고통스럽게 처형시켰다. 지금은 어떤가. 자연과학에 그다지 관심이 없는 나 같은 사람도 그 태양조차 거대한 은하계의 극히 일부에 불과하다는 사실을 알고 있다.

기본소득은 왜 기본서비스를 필요로 할까?

기본소득은 우파와 좌파 모두 찬성하기도, 또 반대하기도 하는 제도다. 2016년 유럽사회조사European Social Survey의 분석 결과에 따르면, 기본소득제도에 약 49.9퍼센트의 보수층, 약 57.2퍼센트의 진보층이 찬성 의사를 보였고, 기본소득을 가장 많이 지지한 사람들은 정치적으로 보수나 진보 어느 쪽도 아닌 응답자들로, 과반을 훨씬 넘는 3분의 2가 기본소득제도를 지지했다고 한다.[3] 우파 기본소득론에서는 기존 복지서비스의 축소를 전제로 최소한의 수요 창출이라는 경제적 필요성이 주로 강조된다. 실제로 기존의 복지를 모두 최소한도의 현금 지원으로 대체해버리고자 하는 우파 기본소득론은 디스토피아에 가깝다. 그런데 서구와는 달리 우리는 축소할 복지도 별로 없다. 그래서 복지국가의 발전을 원하는 좌파 반대론자는 보편적 사회 서비스가 더 나은 선택이라거나, 기본소득만으로는 노동의 불평등이 충분히 해소될 수 없다는 점을 내세워 비판한다. 하지만 아직 기본소득을 제대로 시행하는 국가 사례가 없기 때문에 스웨덴식의 보편적 복지국가가 우리에게 더 나은 대안이라는 주장에 기반한 논쟁은 소모적이다. 기존 복지국가는 안정된 일자리와 강력하고 중앙집중화된 노동운동이 존재했던 산업화 시기에 만들어졌다. 우리 눈앞에 닥친 불안정한 일자리, 기후위기, 극단적인 불평등과 같은 문제 해결을 위해서는 이전과는 다른 접근이 필요하며, 기본소득은 바로 그런 문제의식과 함께 기획된 광범위한 사회 시스템의 개혁을 촉발할 수 있는 제도다. 우리와 비교해 아주 훌륭한 복지국가를 앞서 완성한 경우, 제도의 관성으로 인해 기본소득이 설 자리가 없어질 수도 있다. 그런 면에서 우리는 오히려 기본소득이 포함된 새로운 복지국가 모델을 주도해나갈 수 있는 유리한 위치에 있다.

기본소득이 다른 조건부 현금 지원 정책보다 진일보한 제도인 이유는 자신의 사정을 가장 잘 아는 수혜자가 원하는 곳에 쓸 수 있게 하는 '자유'를 늘리기 때문이다. 그 자유에는 적절한 임금을 제공하는 적합한 일자리가 없는 경우 일하지 않을 자유까지 포함된다. 살아 숨 쉬는 노동자는 실업이나 임금이 너무 낮은 상태에서 오래 견딜 수 없다. 이런 '기다릴 수 있는 시간'의 격차는 노사 간에 심대한 권력의 격차를 낳는다. 노동자가 생계 보장이 되지 못하는 나쁜 일자리라도 어쩔 수 없이 선택하게 만들고, 사회에 이런 일자리가 넘쳐나게 만드는 원인이 된다. 평등주의자가 기본소득을 옹호하는 주된 이유는 이 제도가 제대로 기능하기 위한 조건이 충족되었을 때, 노동자의 교섭력과 작업장에서의 민주적 통제력을 향상시켜 계급 간 불평등을 완화할 수 있으리라 예상하기 때문이다.[4]

그러나 일하지 않을 자유가 온전히 빛을 발하기 위해서는 일할 수 있는 자유 역시 보장되어야 한다. 이 자유는 기본소득을 지급 가능케 하는 조세 기반이 될 수도 있다. 산업화된 사회에서는 일견 모두 일할 수 있는 자유를 당연히 향유하는 것처럼 보이지만, 이는 사실과 다르다. 비록 기본소득을 통해 남성의 일하지 않을 자유가 제고되어 가사 분담이 좀더 평등해질 수 있더라도, 돌봄서비스가 보편화하지 않으면 여성의 일할 자유가 제약될 수 있다. 에스핑 안데르센은 가족 정책이 부족한 경우, 서구의 대다수 국가에서 특히 저학력 여성의 고용이 위축되는 현실을 보여준 바 있다. 가족 외부의 돌봄서비스 지원이 강화될 때 남성의 육아 참여가 오히려 증가한다는 조사 결과도 있다.[5] 따라서 기본소득이 돌봄을 사유화하고 기존의 가사노동분업을 악화해 오히려 여성의 노동시장 참여율을 떨어뜨릴 것이라는 우려[6]를 불식시키기 위해서도, 또 기본소득이 스웨덴식 부모 정책보다 성평등이란 면에서 부족한 결과를 낳을 수 있다는 비판[7]에 대응하기 위해서도 기본소득은 기본서비스와 함께 제공될 필요가 있다.

기본서비스는 또한 노동시장의 이중 구조가 고착화되지 않기 위해서도 필요하다. 기본소득이 고기술 고학력 노동자에게만 더 많은 노동시장에서의 기회를 제공하고, 그렇지 못한 사람을 노동시장 바깥에 머물지 않도록 하기 위해서는 체계적인 기술 훈련이 포함된 적극적 노동시장 정책을 통해 4차 산업혁명이 가져온 변화의 혜택이 고르게 분배되도록 해야 한다. 그런 점에서, 기본서비스는 보편적 복지서비스를 한층 더 높은 차원에서 제공함으로써 형평성 제고 효과를 극대화해 기본소득이 착취와 배제 간 딜레마에 빠지지 않도록 하는 중요한 제도다. 기본소득에 더해 기본서비스까지 제공하면 복지 비용의 문제가 생긴다는 반론이 있을 수 있지만, 높은 수준의 기본서비스는 인간다운 삶을 위해 지급되어야 하는 기본소득의 수준을 낮출 수 있다. 또한 기본서비스는 돌봄, 교육, 공공주택 등과 관련된 안정된 일자리 창출과 환경친화적 생산을 가능케 하며, 분배 정의는 물론, 기본서비스의 확대를 위한 시민 참여의 기회를 넓히고 이를 통해 민주적 지배 구조도 활성화할 수 있다. 즉, 지속 가능한 복지를 실현하는 데에도 크게 기여한다.[8]

기본소득이 차별과 불평등이 만연한 사회의 모든 문제를 해결할 수는 없다. 그러나 기본서비스와 함께 제공될 수 있다면 연대 형성과 평등의 촉매제로서, 한국 사회에 꼭 필요한 평등의 에토스를 확산하기 위해 활용될 수 있다. 그러기 위해서는 기본소득이 단순히 생산 노동에 대한 보충적 지원책으로 기존의 성별 분업을 악화시키는 대신, 재생산 노동에 대한 무조건적 임금 지원으로 자리매김해 더 큰 사회변혁의 가능성을 제시해야 한다. 기본서비스는 생계부양자인 남성의 사회권만 온전히 인정되어온 복지국가의 패러다임을 고용에서 돌봄으로 전환할 수 있게 한다. 복지국가의 핵심 원칙을 고용에서 돌봄으로 전환하기 위해서는 돌봄의 가치를 평가절하해 온 노동시장의 개혁 역시 뒤따라야 한다. 기본소득이 저가치화된 노동시장에서의 여성 돌봄 노동에 대한 임금 보전 수단으로 전락하지 않기 위해서는 돌봄 노동에 대한 보상 수준이 그 가치를 반영해 높아져야 하기 때문이다. 이 문제를 해결하기 위해 현재 정부의 재정 지원 아래 다수의 민간 기관이 관리하는 돌봄 노동자를 정부나 공공 기관이 직고용해 임금과 고용 형태를 개선하는 작업부터 시작할 수 있을 것이다. 또한 남성 역시 기본소득이 제공해주는 '자유'를 통해 가정 내 돌봄에 기여할 환경을 마련하기 위해서는 지금보다 훨씬 더 파격적인 노동 시간 단축도 이루어질 필요가 있다.

두 청년의 눈으로 본 기본소득

우리 사회의 청년들은 기본소득에 대해 어떤 태도를 갖고 있을까? 이 질문에 답하기 위해 나는 2021년 말에서 2022년 초 사회적 경제 협동과정 대학원생 박경진, 사회학과 대학원생 윤자호와 함께 청년 플랫폼 노동자의 일 경험과 복지 태도에 대해 조사한 적이 있다.[9] 플랫폼 노동자 중에서도 특히 청년은 전통적인 노동과정에 대한 경험이 적은 채로 변화된 노동 환경에 전면적으로 노출된 세대다. 과도한 경쟁 속에서 자율적이지만 치밀한 알고리즘상의 통제를 벗어나기 힘든 플랫폼 노동의 양면성을 경험한 청년들은 비록 정도의 차이는 있지만 대체로 능력주의와 성과주의를 내면화하는 기업가적 자아를 형성하는 것으로 대응하고 있었다. 하지만 이처럼 노동자로서의 의식을 가지고 복지를 적극적으로 요구하기 어려운 상황에서도 무작위로 선택된 열두 명의 조사 대상자 청년 중 절반 정도는 기본소득에 대해 찬성하고 있었다. 여기서는 기본소득에 반대한 사례자와 찬성한 사례자를 각각 한 명씩 선택해 그들의 이야기를 좀더 심층적으로 살펴보고자 한다.

기본소득에 반대하는 21세 민석태(가명)씨는 형과 어머니, 그리고 임대아파트라서 비공식적 동거인인 새아버지와 함께 살고 있다. 어머니와 새아버지는 둘이 합쳐 한 달에 60만 원밖에 못 벌며, 형도 일하긴 하지만 비트코인 때문에 대출받은 빚이 4000만 원가량으로 상당히 많다. 그 역시 코인 투자로 150만 원 정도 날렸다고 한다. 그는 고등학교 1학년 때에도 나이를 속이고 형 이름으로 식당에서 서빙을 했다. 너무 힘들어서 한 달만 하고 도망쳤다고 한다. 코로나 19로 플랫폼 배달이 성수기였던 때라 한 달에 500만 원이 넘는 수입을 올리고 있어도 절반 정도를 어머니에게 주고 본인이 실제로 사용하는 돈은 얼마 안 된다. 그래도 그는 "눈 오는 날에도 일하고, 비 오는 날에도 찬바람 맞아가며" 하는 일에 대한 대가가 이 정도면 괜찮다고 생각한다. 하지만 검정고시 출신으로 학력이 고졸인 그는 플랫폼 배달 일을 한다는 사실을 친구들에게 숨긴다. 무시당하기 싫어서다. 그 역시 플랫폼 노동에 종사하는 사람들이 "비정상적"이라는 편견을 갖고 있다. 그래서 이 일은 삼십대 초반까지만 하고, 그 뒤로는 사업을 할 예정이다. 그리고 "무조건 오를 거니까" 땅을 사고 싶다는 생각을 한다.

> 배달 일한다고 누구한테 말 안 해요…… 무시당하니까. 친구들 막 대학 가고 어디 좋은 회사 들어갔다고 하면 나는 그냥 노는데 이러고 넘겨요.

민석태씨는 최저임금 인상에도 부정적 의견을 갖고 있다. 최저임금보다 수수료가 더 많이 올라가며, 차라리 돈 덜 받고 "갑질 안 당하고, 스트레스 덜 받고 일하는 게 더 낫기" 때문이다. 임금은 개인의 능력이나 성과에 따라 차이 나게 받아야 한다고 믿는다. 그는 성공하려면 일단 배경이 있어야 한다는 것을 인정하긴 했지만, 결국 스스로 도전해야 한다는 점을 강조하며, 가난의 궁극적 원인을 개개인이 현실에 안주하는 태도에서 찾고 있다. 이런 입장은 증세에 대한 부정적인 태도로 이어졌다. 보험이 필요하다고 생각하고, 산재를 들어 심리적으로 안정되는 경험도 한 적이 있지만, 다른 보험에 대해서는 정보도 없고 가입 절차도 몰라 굳이 더 알아볼 생각은 없는 듯했다.

> 일단은 배경이 있긴 해야겠지만…… 그 틀에 박혀서 도전조차 못하고 그렇게 살아가는? 일단 성공하려면 도전해야 해요. 그냥 가만히 있으면 성공을 못 해요. 그대로 가난하게 살아야 하는 거예요.

개인의 능력을 중시하는 만큼 민석태씨는 국가의 개입도 불신한다. 정치에도 관심이 없다. 심층 면접이 실시된 시기가 20대 대선 직전이었지만, 그는 "윤석열"이 누군지 몰랐다. "이재명"은 담뱃값을 올린다고 했다며 안 된다고 했다. 지지하는 정당의 후보가 누구인지 제대로 모르면서도 그는 "한나라당"만 뽑겠다고 했는데, 이유는 "이명박 선생님"을 좋아하기 때문이다. 그의 비리는 인정했지만 "어차피 높은 자리에 있으면 뒤에서 다 먹을 것"이므로 이해가 간다는 것이다. 국가와 정치에 대한 이러한 불신과 더불어, 민석태씨의 심층 면접에서 가장 두드러졌던 특징은 진술의 비일관성이었다. 그는 여자친구와 함께 받았던 청년수당에 대해 좋은 기억을 가지고 있었다. 하지만 기본소득에 대해서는 부정적이었다.

그걸로(청년수당) 휴대폰비 내고, 그걸로 밥 먹고, 그러니까 너무 행복한 거예요. 처음에 그걸로 자격증도 따야지 했는데, 막상 돈이 들어오니까 그냥 다 써버리고 너무 행복했어요. 다시 하고 싶어요. (그럼 매달 얼마씩 전 국민에게 주는 기본소득은 어때요?) 그거는 무의미해요. 사람들이 일을 안 해버리니까, 젊은 애들이 일을 안 하려 하니까 오히려 역효과가 나요. (청년수당 받아서 너무 행복했다고?) 너무 행복했는데, 그래서 더 받고 싶은데, 사람이 이걸로 인해 의존하게 돼서. 그래도 좋았어요. 너무 행복했어요.

내 연구에서 민석태씨는 기본소득에 반대하는 입장을 가진 것으로 분류되었다. 그러나 과연 그렇게 분류하는 것이 옳을까? 20년이 조금 넘는 짧은 인생에서 아마 청년수당은 그가 대가를 치르지 않고 누군가에게 처음으로 받아본 호의이자 선물이었을 듯하다. 그러나 힘든 노동 현장과 거친 사회에서 습득한 신념 체계는 그에게 그것을 좋아하면 안 된다고 호명한다. 국가에 의존할 수 없는 그는, 기본소득 대신 만일의 불행이 닥쳤을 때를 대비하여 신용카드에 의존하기로 한다.

> 카드 한도를 끝까지 올려놨어요. 혹시라도 집에 누군가 아프거나 내가 아프거나 하면 카드로 36개월 할부로 끊으려고요. 그래서 카드 한도 2000만 원짜리 두 개를 만들어놨어요. 혼자 해결하려고 그냥.

기본소득에 찬성하는 20세 박지연(가명)씨는 대학에서 화학을 전공하고 원래는 약대 편입을 준비했지만, 코로나19를 계기로 다른 길을 모색하고자 휴학하고 지방 본가에 내려가 있는 상태에서 심층 면접에 임했다. 그녀는 대학에 다닐 때 서울 근교의 B 시에서 살았는데, '뚜벅이' 플랫폼 배달과 과외 플랫폼을 활용해 다양한 아르바이트를 하며 한 달 평균 60만 원 정도를 벌었다. 일정 변경이 많은 그녀는 하고 싶을 때 하고 그만두고 싶을 때 그만둘 수 있는 플랫폼 일자리가 편하고 좋았다고 한다. 그녀도 민석태씨처럼 고등학교 때부터 일을 했다. 주로 과외를 했는데, 보수를 제대로 받고 한 것은 별로 없고 보육원에서 일하는 아는 분을 통해 소개받아 그곳에서 대학에 가려고 공부하는 학생들에게 주말을 이용해 과외 수업을 해주었다. 뚜벅이 배달은 이벤트를 통해 더 많은 돈을 벌 수 있어 서울에 약속이 있을 때마다 몇 시간 먼저 와서 열심히 한 아르바이트다. 그녀는 이런 일을 "게임하는 것 같은 재미"를 느끼며 즐겁게 하고 있지만, 자아실현과는 상관없는, 필요한 돈을 버는 수단일 뿐이라고 명쾌하게 정리했다. 면접 당시 타워크레인 자격증 준비를 하고 있기도 했다.

박지연씨는 노동 기본권에 대해 배운 바가 없지만, 열심히 일하면 많은 수입을 올릴 수 있는 만큼 플랫폼 노동이 나쁜 일자리라고 생각하지 않는다. 여기에 종사하는 사람들에 대한 부정적인 인식도 전혀 없다. 성과에 따른 보수 지급은 이미 거부할 수 없는 추세로 다른 플랫폼 노동자들처럼 그녀 역시 찬성하고 있었지만, 민석태씨와는 조금 다르게 과연 노력에 따른 차이가 어느 정도가 되어야 적정한가에 대해 고민하는 모습을 보여주었다. 그녀는 최저임금에 대해서도 찬성한다. 계속 올라야 한다고 생각하며, 수도권과는 달리 자신이 현재 내려가 있는 지방의 편의점에서는 최저임금을 주는 곳이 거의 없을 정도로 규제의 차이가 있는 점에 대해 문제의식을 가지고 있었다. 지방에 있는 자신의 친구가 최저임금을 다 못 받고 일하는 모습이 안타까웠기 때문이다. 그럼에도 그녀는 우리 사회가 공정한 편이라 여긴다. 그녀가 생각하는 공정한 사회는 출발선 정도는 맞춰주는 그런 사회다.

출발선을 맞춰주는, 근데 그 이후는 자전거를 타고 가는 사람인지 차를 타고 가는 사람인지, 그것까지 관여하기는 어렵겠지만, 어쨌든 출발선 정도는 맞춰주는.

출발선을 맞춰주기 위해 필요한 세금에 대해서도 긍정적이며, 그런 만큼 기본소득도 환영한다. 그녀는 "기본소득이 평등을 실현하는 최고의 방안인가"가 주제였던 토론회에 참여하면서 기본소득에 대해 알게 되었다. "괜히 나갔다는 생각이 들었었는데(웃음) 그거 하면서 찾아보다보니 제도가 좋다고 생각"하게 되었다.

저는 재산세, 상속세 다 필요하고 적당하다고 생각해요. 사실 세금을 내도 그 세금을 크게 느낄 사람들은 다시 혜택으로 돌려받을 것이고 그걸 내기에 여유로운 사람들은 안 어려울 것이고 이렇게 생각을 하는 편이라서 기본소득도 찬성하는 편이거든요. 물론 약간 아직은 조정해야 될 부분이 많겠지만 어쨌든 세금을 많이 낸 만큼 분배가 더 잘 될 거라고 생각을 하는 편이라서…….

박지연씨는 단 한순간도 낭비하지 않고 미래를 위한 준비에 최선을 다하고 있었다. 자신이 사는 세계보다 뒤처진 지방의 청소년들에 대해 따뜻한 마음으로 걱정하던 그녀는 기본소득을 받는다고 해서 민석태씨가 우려하듯 "일을 안 하려" 할 것처럼 보이는 면은 전혀 없었다.

제10장

나가는 글:
자유 대 자유

소극적 자유 대 적극적 자유

지금까지 우리 삶에 스며들어 차별을 파악하기 어렵게 만드는 조직, 국가, 신념 체계 차원의 구조와 또 그렇게 공고해진 구조 안에서 차별받는 사람들이 어떻게 체념하고 적응하며, 더 나아가 혐오하게까지 되는지 살펴보았다. 차별 없는 사회를 위해서는 모든 사람이 자신의 본질에 충실한 삶을 살 수 있는 자유가 보장되어야 한다. 이 책에서 대안으로 살펴본 차별금지법은 이러한 사회를 만들기 위한 가장 기본적인 조치이며, 적극적 조치와 기본소득은 차별받지 않을 자유를 향유하도록 차별을 감추고 당연시하는 사회구조의 틀에 균열을 낼 수 있는 제도다. 그렇다면 과연 진정한 의미의 자유란 무엇일까? '자유'라는 개념에는 하나의 정의만 존재하지 않는다. '민주주의'나 '평등'이라는 개념도 마찬가지다. 우리 사회가 차별 시정을 통해 '자신의 본질에 충실한 삶을 살 수 있는 자유'를 제대로 제공하지 못한 이유는 자유에 대한 소극적이며 협소한 정의가 적극적이며 광범 위한 자유의 의미를 압도하고 있기 때문이다.

자유가 국가의 강압에 맞서 사유재산을 지킬 수 있는 최소한도의 자유를 의미할 경우, 이는 다시 최소한도의 대의민주주의에 대한 이해와 결합해 우리 사회를 피폐화시킬 수 있다. 자유민주주의는 바로 그 재산을 지킬 자유를 지켜주는 소극적인 국가 형태를 뜻하게 되기 때문이다. 또한 원하는 것을 할 수 있는 확장적이고 보편적인 의미보다는 자유롭게 시장경제 체제에 참여할 수 있는 제한되고 특수한 의미로 해석될 때, "극빈의 생활을 하고 배운 것이 없는 사람은 자유가 뭔지 모르고 필요성도 느끼지 못"[1]한다고 여겨지게 된다. 이런 의미의 자유가 받아들여지는 한, 우리는 수많은 자유의 모순을 감당해야 한다. 예를 들어 미국 보수 정치의 문제 중 하나는, 낙태는 무조건 반대하면서 총기 소유는 허용하는 것이다. 강간으로 인한 임신이든 산모의 건강이 위험하든 배아가 세포분열 중인 단계부터 생명은 그토록 소중한데, 이미 태어난 사람들을 마구 총을 쏴서 죽이는 것은 괜찮다는 것인가? 민간인의 무장해제와 군대와 경찰로의 무력 집중은 근대 국가 형성의 기본이다. 어쨌든 어떤 이에게 총기 소유의 자유를 보장하기 위해서는 다른 사람의 살아갈 자유를 제약해야 하는 모순이 발생한다.

자유와 자유가 대립하는 것은 우리나라에서도 흔한 일이다. 어떤 정치가가 자신에 신념에 따라 멸공을 주장하며 호전적인 태도를 취하는 것은 자유다. 그러나 이 작은 나라에서 전쟁이라도 발발하면 어떻게 될까. 멸공을 외칠 자유는 군대의 규모와 복무 기간을 줄이고 평화롭게 공존할 자유를 훼손한다. 또, 연말정산 소득공제 확대는 일정 소득 이상의 소비력이 높은 가구에 도움이 된다. 조세부담률이 낮아져 중산층 이상의 경우 사고 싶은 것을 살 수 있는 자유가 늘어나지만, 그만큼 세수 부족으로 소득 지원이나 사회서비스에 의존하는 계층의 자유를 줄인다. 세금을 걷지 않아 재정이 줄어드는 것이 공적 지출을 통해 그렇게 되는 것과 결국은 마찬가지란 사실을 우리는 종종 잊는다. 자유로운 시장경제의 활성화를 위해 누군가의 세금을 감면해주면 어려운 형편의 사람들이 최소한도의 복지를 누리며 살 자유가 사라져버릴 수도 있다. 시장에서 더 많은 이윤을 얻을 자유는 다른 누군가의 임금 소득을 하락시켜 그의 자유 시간의 질을 낮춘다. 기업이 원하는 대로 고용할 자유는 잘못된 관행으로 배제되는 소수자의 일할 자유를 침해한다. 규제 없이 기업을 운영할 자유는 다리와 백화점을 무너뜨리고 짓던 아파트도 붕괴시키며, 무엇보다 노동자가 온전히 신체를 유지하고 살 수 있는 가장 기본적인 자유를 침해한다.

그렇다면 왜 적극적 의미의 자유가 구현될 수 있는 정치가 자리 잡지 못하는 것일까? 경제학자 앤서니 다운스[2]의 의견처럼, 민주주의 아래서의 선거는 최대한의 효율보다 낮은 수준에서 작동할 수밖에 없다. 지식은 불완전하며 제대로 된 정보는 비싸다. 한 시민의 표가 미칠 수 있는 영향이 결정적일 확률이 거의 없는 상태에서 이런 고비용 정보는 투표를 위해 정확한 정보를 얻으려는 노력을 어렵게 만든다. 이런 세상에서 어떤 사람들은 다른 사람들보다 정치적으로 더 중요한데, 그들은 유권자에게 자신들에게 유리한 바이어스 가득한 사실만 골라 제시함으로써 실제 투표의 향방에 영향을 끼쳐왔다. 이런 영향력은 지배적인 사고에 가장 취약하게 노출되어 있는 소수자 집단과 저학력, 저소득층에 더욱더 나쁜 방향으로 작동한다. 적극적 의미의 자유는 너무 비싼 대가를 유발한다는 왜곡된 가정하에 가장 어려운 사람들이 오히려 이런 선택을 거부하게 되는 것이다.

대의민주주의 아래서의 정치적 현실이 이렇다고 체념한다면 우리는 차별과 불평등이 만연한 현재의 상태에서 영원히 벗어날 수 없을지도 모른다. 우리 사회에는 지금 두 가지 상반된 신념 체계가 충돌하고 있다. 시장 정의에 기반한 공정한 경쟁과 성과주의 원칙의 뒤늦은 확산이 강렬하지만, 바로 그런 경쟁의 기회조차 박탈당한 사람들이, 아무리 일해도 나아지지 않는 삶에 지친 사람들이 강력하게 개선을 요구하며 반격을 시작하고 있다. 민주주의의 장점은 우리 마음에 드는 리더를 직접 선출할 수 있다는 점이다. 민주주의의 단점은 우리 수준을 넘어서는 리더를 가질 수 없다는 점이다. 그러나 그것은 장점이기도 하다. 민주주의하에서 훌륭한 리더를 얻기 위해서는 우리 스스로 새로운 비전을 꿈꾸며 더 훌륭해져야 하기 때문이다. 빈곤을 없애기 위해, 불평등과 양극화를 완화하기 위해, 불운과 기회의 부족으로 어렵게 된 사람을 무시하고 모욕하는 저열한 사회적 토양을 바꾸기 위해 노력해야 할 때다. 정치는 파편화된 개인의 선호를 사회 전체의 선호로 집약시키는 과정이며, 그 과정에서 사회의 최약자를 어떻게 보호하는가에 따라 국격이 결정된다. 내 나라가 높은 국격을 갖춘 국가였으면 좋겠다는 것이 나의 희망만은 아닐 것이다.

'제리코 마일': 마음의 벽을 무너뜨리기

미국은 수감률이 세계 최고 수준에 달하는 국가다. 유연한 노동시장으로 선진국 중 실업률이 낮다고 하지만, 감옥에 수감된 엄청난 수의 범죄자까지 고려하면 유럽보다 장기실업률이 높을 수도 있다. 범죄자가 넘쳐나 지자체가 사기업에 교도소 시설을 짓고 관리하도록 하청을 주기도 한다. 2011년, 펜실베이니아주의 한 판사는 바로 이런 청소년 수감 시설 개발 회사로부터 100만 달러의 뇌물을 받고 소년범들에게 훨씬 더 가혹한 처벌을 내린 사유로 체포돼 28년형을 선고받기도 했다. 범죄자가 많을수록 이윤이 많이 남으니 교도소가 민영화되면 발생할 수 있는 일이다. 비행 청소년에게 욕설을 퍼붓고 위협을 가하는 수감자를 만나게 하는 '교화 프로그램Scared Straight'의 효과는 어떨 것 같은가? 다수의 연구를 메타 분석한 결과, 교도소를 경험한 실험 집단 비행 청소년은 그렇지 않은 통제 집단보다 재범 확률이 더 높아졌다는 것이 확인되었다. 어떤 연구도 그 이유를 설명하지는 못했다.[3]

　법은 만인에게 평등하지 않다. 미국에는 계급과 인종에 따라 양형이 차별적으로 적용된다는 수많은 연구가 존재한다. 유사한 범죄를 저질렀다 해도 흑인이나 저소득층은 편견과 차별로 인해 더 높은 형량을 받는 일이 종종 벌어진다. 높은 변호사 비용도 장벽으로 작용한다. 왜 미국의 비행 청소년 교화 프로그램이 의도와는 정반대의 결과를 가져왔는지 생각해본 적이 있다. 인간을 경제적인 동물이라 여기지만, 인류 역사를 통틀어 훨씬 더 오랜 기간 인간을 지배해온 것은 호혜성 원칙이었다. 경제적 관점에서는 지극히 비합리적인 행동일지라도, 인간은 복수를 위해 자신을 파괴하는 일도 서슴지 않는다. 국가가 이처럼 자신을 함부로 대할 때, 그들 청소년에게는 더욱더 아무렇게나 사는 것으로 복수하는 것 외에 다른 대안이 없었을 것이다.

「제리코(예리코) 마일The Jericho Mile」4은 1979년 에미상을 포함해 총 다섯 개의 상을 수상한 미국의 TV 영화로, 미국 교도소의 실상을 다룬다. 실제 존재하는 폴섬 교도소에서 촬영이 이뤄져 영화보다는 다큐멘터리 같은 느낌이 나기도 한다. 줄거리는 간단하다. 아버지를 살해한 중범죄로 종신형을 받고 복역 중인 래리 머피는 달리기를 좋아해 교도소 앞마당을 매일 달린다. 그의 능력을 알아본 교도소 심리상담가와 간수 등에 의해 실력을 검증할 기회를 얻은 후, 그는 올림픽 출전을 목표로 정식 코치를 받는다. 그의 훈련을 돕고자 교도소 내에 트랙도 수감자들에 의해 마련된다. 열심히 훈련한 래리는 가장 빠른 경쟁자까지 제치는 능력을 보여주지만, 미국 올림픽위원회는 수감 중인 죄수를 경기에 내보내는 것이 이례적인 일임을 지적하며, 회의를 소집해 그에게 같은 상황에서 다시 아버지를 살해할 것인가를 묻는다. 래리는 아버지가 여동생을 폭행하고 강간하는 장면을 목격해서 아버지를 살해한 것이었다. 괴로워하던 래리는 같은 상황에서라면 똑같이 할 거라고 답하며 회의장에서 뛰쳐나갔고, 결국 그의 올림픽 출전은 무산된다. 교도소는 다시 일상으로 돌아간다. 래리는 스톱워치를 들고 올림픽 출전권을 따낸 가장 빠른 주자 프랭크 데이비스와 같은 시간에 출발해 그보다 더 빠르게 결승선을 지난다. 수감자들이 환호할 때 그가 선물 받았던 스톱워치를 벽에 던져 산산조각 내는 것으로 영화는 끝난다. 그 스톱워치에는 제리코 마일이라는 글이 새겨져 있다.

교도소에 수감 중인 래리는 사회구조의 가장 밑바닥에 위치한 존재다. 올림픽위원회가 그에게 보냈던 부정적 시선은 차별이라기보다는 지은 죄에 걸맞은 합당한 처사로 보일 수도 있다. 영화 중반에 래리가 코치에게 제리코 마일이 무슨 뜻인지 물어보는 장면이 나온다. 제리코는 지구상에서 가장 낮은 지대에 위치한, 또 가장 오래된 도시 중 하나다. 그리고 신의 뜻에 따라 그 도시를 둘러싼 강고한 벽은 무너진다. 코치로부터 래리는 "뭔가 무너져내리는 것"이라는 답을 듣는다. 그가 자신이 더 빨리 뛰었음을 확인하고 스톱워치를 던져 그것을 깨버렸을 때 완벽하게 행복한 미소를 지었던 이유다. 물론 이 영화의 주인공 래리는 인생의 비극을 보여주는 극단적인 사례다. 다행히 우리 다수는 그보다는 덜 극적인 인생을 살고 있다. 그러나 래리와 우리가 과연 그렇게 다를까. 우리도 우리가 어떻게 할 수 없는 이유로 어려운 처지에 놓인다. 성소수자로 태어날 수밖에 없고, 비정규직밖에 선택할 기회가 없고, 원하지 않은 불의의 사고로 장애인이 되고 말 수밖에 없다.

즉, 이 영화는 무의미한 허상일 수 있는 왜곡된 능력주의에 대한 치명적인 비판을 제기한다. 래리는 미국에서 가장 빨리 뛸 수 있는 선수임에도 메달을 딸 기회를 원천적으로 차단당한다. 우리가 사는 세상에서도 가장 빨리 뛸 수 있는 선수가 항상 메달을 얻는 것은 아니다. 성소수자이거나 비정규직이거나 장애인인 우리도 차별적 구조에 막혀 능력을 보여줄 수 없었을 뿐, 우리가 선택한 분야에서 가장 뛰어난 사람일 수도 있을 것이다. 그러니 메달을 딴 사람들은 좀더 겸허해져야 한다. 우리 사회에서 작동 중인 여러 차별적인 기제로 인해 메달을 쟁취한 것 자체가 가장 빨리 뛴다는 사실을 의미하지는 않기 때문이다. 같은 이유로, 메달 가까이 가지 못하기 때문에 무너져내릴 필요도 없다. 우리가 무너뜨려야 하는 것은 우리 자신이 아니라 차별하는 구조, 즉 우리가 차별받았을 때 느껴야 하는, 그래서 그 구조를 제거하는 데 필요한 용기를 얻을 수 있는, 진실한 감정을 막아서고 있는 거대하고 단단한 벽들이다.

제1장 차별이 어떻게 차별받는 사람을 무너뜨리는가?

1   조남주, 『82년생 김지영』, 민음사, 2016. 2019년 김도영 감독에 의해 영
    화로도 만들어졌으며, 2022년 백암아트홀에서 연극으로 공연되기도
    했다.

2   흑인 여성으로는 처음 노벨문학상을 수상한 미국의 소설가다. 『가장
    푸른 눈The Bluest Eye』(New York: Vintage International, 1970)은
    그녀의 첫 소설이다.

3   같은 책, pp. xi~x.

4   Jonathan H. Turner and Jan E. Stets, 2006, "Sociological Theories
    of Human Emotions", *Annual Review of Sociology* 32:48.

5   Peggy A. Thoits, 1989, "The Sociology of Emotions", *Annual Review
    of Sociology* 15:337.

6   앨리 러셀 혹실드, 『감정노동』, 이가람 옮김, 이매진, 2009.

7   Arlie Russell Hochschild, 1979, "Emotion Work, Feeling Rules, and
    Social Structure", *American Journal of Sociology* 85(3):551-575.

8 같은 책.

9 이민진, 『백만장자를 위한 공짜 음식 1』, 유소영 옮김, 인플루엔셜, 2022(2008), 27-28쪽.

10 James M. Jasper, 2011, "Emotions and Social Movements: Twenty years of Theory and Research", *Anuual Review of Sociology* 37:288, 296.

11 예란 테르보른, 『불평등의 킬링필드』, 이경남 옮김, 문예춘추사, 2014.

12 이 프로젝트의 대표적인 저서로 에릭 올린 라이트, 『리얼 유토피아: 좋은 사회를 향한 진지한 대화』, 권화현 옮김, 2012가 있다.

제2장 탐욕스러운 조직, 나를 갈아넣는 시간

1 W. Richard Scott, 2002, *Organizatons: Rational, Natural, and Open Systems*, 5th edition(New York: Taylor&Francis). 조직에 대한 세 관점 중 합리적 관점에 해당됨.

2 같은 책, 조직에 대한 자연적 관점.

3 같은 책, 조직을 열린 체제로 보는 관점.

4 같은 책, 조직의 병리적 현상 중 하나.

5 Joan Acker, 1990, "Hierarchies, Jobs, Bodies: A Theory of Gendered Organizations", *Gender and Society* 4(2):139-158.

6 Christine Williams et al., 2012, "Gendered Organizations in the New Economy", *Gender and Society* 26(4):549-573.

7 Charles Tilly, 1998, *Durable Inequality*(Berkeley and Los Angeles: University of California Press).

8 예를 들어 성희롱으로 여성 직원이 조직을 떠나면 남성 직원의 채용 기회가 확대되고 승진도 더 쉬워질 수 있다.

9   Gary Becker, 1971, *The Economics of Discrimination*, 2nd edition (Chicago: University of Chicago Press).

10   Paula England, 1994, "Neoclassical Economists' Theories of Discrimination", in Paul Burnstein ed., *Equal Employment Opportunity: Labor Market Discrimination and Public Policy* (New York: Walter de Gruyter).

11   James N. Baron, 1992, "Organizational Evidence of Ascription in Labor Markets", in Richard Cornwall and P.V. Wunnava eds., *New Approaches to Economic and Social Analyses of Discrimination* (Westport, Conn.: Praeger Publishers).

12   Barbara F. Reskin, 1998, *The Realities of Affirmative Action in Employment* (Washington D.C.: American Sociological Association).

13   특정 집단에 대한 스테레오타입을 만들어내게 되는 이러한 통계적 차별은 적절한 차별시정정책이 개입되지 않는 한 다음과 같은 악순환을 되풀이한다. 노동시장에서의 불완전한 정보는 사용자로 하여금 개인의 가치를 그 개인의 능력보다는 그 개인이 속한 집단의 평균 생산성에 대한 부정확한 정보를 통해 파악하게 하기 때문에 미래의 임금 인상을 위해 훈련에 투자하려는 이들 특정 집단 노동자의 동기부여에 부정적인 영향을 미치게 된다. 즉 이 집단에 속한 노동자는 능력을 개발시키기 위한 투자에 들어가는 비용을 다수자 집단의 노동자와 똑같이 지불하게 되지만, 그 혜택은 동일하지 않기 때문에 인적자본의 증대를 위한 투자 인센티브가 줄어들고 결국 사용자가 애초에 가졌던 스테레오타입이 다시 재확인되면서 정형화되어간다. 좀더 상세한 내용은 다음 문헌을 참조할 수 있다. Shelly J. Lundberg, 1989, "Equality and Efficiency: Antidiscrimination Polices in Labor Market", *Contemporary Policy Issues* 7:75-94.

14   Alfred W. Blumrosen, 1972, "Strangers in Paradise: Griggs v.

Duke Power Co. and the Concept of Employment Discrimination", *Michigan Law Review* 71(1):59-110.

15 David L. Rose, 1989, "Twenty-Five Years Later: Where Do We Stand on Equal Employment Opportunity Law Enforcement?", *Vanderbilt Law Review* 42:1121-1181. 간접차별의 개념은 1964년 제정된 미국의 본 시민권법에는 포함되어 있지 않았다. 따라서 차별금지법의 제정 초기부터 가장 논란이 되어왔던 이슈는 시민권법 제7편과 행정명령 11,246호가 단지 의도적인 직접차별만 금지하는지, 아니면 간접차별까지 규제하는지에 관련된 것이었다.

16 420 F.2d 1225, 1239 n. 6. citing U.S. Bureau of the Census, U.S. Census of Population: 1960, Vol. 1, Characteristics of the Population, pt. 35, Table 47.

17 미국에서 차별로부터 보호받는 집단의 대표적 예는 다음과 같다. 장애여부, 인종, 피부색, 국적, 가족 상황, 소득의 원천(복지수혜자 여부), 결혼 여부, 성별, 성적 지향(동성애자, 이성애자, 양성애자 등), 나이, 종교, 군 복무 경험 여부.

18 U.S. Department of Labor, 1998, *Federal Contract Compliance Manual(FCCM)*. Employment Standard Administration, Office of Federal Contract Compliance Programs.

19 "차별이라 함은 사업주가 근로자에게 성별, 혼인, 또는 가족상의 지위, 임신 등의 사유로 합리적인 이유 없이 채용 또는 근로의 조건을 달리하거나 기타 불이익한 조치를 취하는 것을 말한다. 이 경우 사업주가 여성 또는 남성 어느 한 성이 충족하기 현저히 어려운 인사에 관한 기준이나 조건을 적용하는 것도 차별로 본다."(1999년 2월 8일 개정)

20 2001년 8월 14일 통과된 제4차 개정안에는 "차별이라 함은 사업주가 근로자에게 성별, 혼인, 또는 가족상의 지위, 임신, 출산 등의 사유로 합리적인 이유 없이 채용 또는 근로의 조건을 달리하거나 기타 불이익한

조치를 취하는 경우를 말한다. 사업주가 채용 또는 근로의 조건을 동일하게 적용하더라도 그 조건을 충족시킬 수 있는 남성 또는 여성이 다른 한 성에 비해 현저히 적고 그로 인하여 특정 성에게 불리한 결과를 초래하며 그 기준이 정당한 것임을 입증할 수 없는 경우에도 이를 차별로 본다. 그러나 (1) 직무의 성질상 특정 성이 불가피하게 요구되는 경우, (2) 근로 여성의 임신, 출산, 수유 등 모성보호를 위한 조치를 취하는 경우, (3) 현존하는 차별을 해소하기 위하여 국가, 지방자치단체 또는 사업주가 잠정적으로 특정 성을 우대하는 조치를 취하는 경우는 차별로 보지 아니한다"고 규정되어 있다.

21 금융위기 이후 사내 부부 중 부인에게만 사표를 받은 농협이나 알리안츠 제일생명이 대표적인 사례다.

22 이주희, 2008, 「직군제의 고용차별 효과: 금융산업을 중심으로」, 『경제와 사회』 80:165-194.

23 최우미, 「금융권 성차별 채용 비리 실태 및 문제점」, '금융권 성차별 채용 비리를 통해 본 남녀고용차별 개선과제 토론회', 2018년 7월 16일.

24 Paul Krugman, 1994, "The Myth of Asia's Miracle", *Foreign Affairs* 73(6):62-78.

25 A. Hijzen and S. Thewissen, 2020, "The 2018~2021 working time reform in Korea: A preliminary assessment", OECD Social, Employment and Migration Working Papers, No. 248, OECD Publishing, Paris, https://doi.org/10.1787/0e828066-en.

26 Lonnie Golden and Deborah Figart, 2000, "Doing Something about Long Hours", *Challenge* 43(6):15-37.

27 같은 책.

28 Youngjoo Cha and Kim A. Weeden, 2014, "Overwork and the Slow Convergence in the Gender Gap in Wages", *American Sociological Review* 79(3):457-484.

29 전병유, 「네덜란드의 시간제 근로 실태」, 이주희 외, 『여성고용률 제고를 위한 선진국 시간제 근로자 실태연구』, 노사발전재단 연구보고서, 2010.

30 Deborah M. Figart and Ellen Mutari, 1998, "Degendering Work Time in Comparative Perspective: Alternative Policy Frameworks", *Review of Social Economy* 56(4):460-480.

31 Dore, Ronald, 2004, *New Forms and Meanings of Work in an Increasingly Globalized World*. ILO social policy lectures, Stationary Office.

32 스웨덴 노동조합총연맹LO Hakan Lofgren(Dept. of Wage and Social Policy)과의 면담, 2004년 2월 3일.

33 Eric A. Posner and Eric Glen Weyl, 2018, *Radical Markets: Uprooting Capitalism and Democracy for a Just Society*(Princeton: Princeton University Press).

34 이주희 외, 2015, 「모호한 고용 관계의 한국적 특성 및 전망」, 『동향과 전망』 95:252-289.

35 Trebor Scholz, 2016, *Platform Cooperativism*(Rosa Luxemburg Stigtung: New York Office).

제3장 국가 구조의 편향성과 권력의 대리인들

1 Joshua Cohen and Joel Rogers, 1995, *Associations and Democracy: The Real Utopias Project, Vol. 1*(London: Verso).

2 Karl Marx and Friederich Engels, 1978[1848], "The Communist Manifesto", in *The Marx-Engels Reader*, ed. by Robert Tucker(New York: Norton).

3 David Gold, Clarence Lo and Erik Olin Wright, 1975, "Recent

Developments in Marxist Theories of the Capitalist State, Part 2",
Monthly Review 27(6):36-51.

4   Max Weber, 1978, *Economy and Society*, ed. by Guenther Roth and
     Claus Wittich(Berkeley: University of California Press), p. 54.

5   Richard Scott, 2002, *Organizatons: Rational, Natural, and Open
     Systems*, 5th edition(New York: Taylor&Francis).

6   Max Weber, 1978, "Politics and Government in a Reconstructed
     Germany", Appendix II in *Economy and Society*, ed. by Guenther
     Roth and Claus Wittich(Berkeley: University of California Press), p.
     985, pp. 1381-1469.

7   Ellen Kay Trimberger, 1978, *Revolution from Above: Military
     Bureaucrats and Development in Japan, Turkey, Egypt, and Peru*(New
     Brunswick, NJ: Transaction Books).

8   Theda Skocpol, 1985, "Bringing the State Back In: Strategies of
     Analysis in Current Research", in *Bringing the State Back In*, ed.
     by Peter B. Evans, Dietrich Rueschemeyer, and Theda Skocpol
     (Cambridge: Cambridge University Press).

9   김영환, 2011, 「제대군인 가산점제도에 관한 연구: 미국의 법률과 판례
     를 중심으로」, 『유럽헌법연구』 9:301-332.

10   Wendy Williams, 1997, "The Equality Crisis: Some Reflections
     on Culture, Courts, and Feminism", in *Feminist Social Thought: A
     Reader*. ed. by Diana Tietjens Meyers(London: Routledge).

11   통계청, 「생활시간조사」, e-나라지표에서 재인용.

12   John David Skrentny, 1996, *The Ironies of Affirmative Action: Politics,
     Culture, and Justice in America*(Chcago: University of Chicago Press).

13   같은 책.

14   같은 책.

15 Clyde Haberman, 1987, *New York Times* (December 17).

16 Erik Olin Wright, 1985, *Classes* (London: Verso).

17 Joohee Lee, 1997, "Class Strucgure and Class Consciousness in South Korea", *Journal of Contemporary Asia* 27:2.

18 Michael Walzer, 1983, *Spheres of Justice: A Defense of Pluralism and Equality* (New York: Basic Books).

19 Claus Offe and Helmut Wiesenthal, 1980, "Two Logics of Collective Action: theoretical notes on social class and organizational form", in Maurice Zeitlin ed., *Political Power and Social Theory, vol. 1* (Oxford: JAI Press).

제4장 신념 체계를 통한 차별의 재생산

1 Göran Therborn, 1980, *The Ideology of Power and the Power of Ideology* (London: Verso).

2 같은 책.

3 같은 책.

4 같은 책.

5 같은 책.

6 Erik Olin Wright, 2009, "Lecture 20 Sociology 621" (November 11), 강의노트.

7 Karl Polanyi, 1957[1944], *The Great Transformation: the Political and Economic Origins of Our Time* (Boston: Beacon Press).

8 같은 책, p. 178.

9 같은 책.

10 Fred Block and Margaret Somers, 2003, "In the Shadow of

Speenhamland: Social Policy and the Old Poor Law", *Politics and Society* 31(2):283-323.

11   Karl Polanyi, 1957[1944], *The Great Transformation: the Political and Economic Origins of Our Time*(Boston: Beacon Press), p. 113에서 재인용.

12   같은 책, p. 114.

13   같은 책.

14   Antonio Gramsci, 2011, *Prison Notebooks*(New York: Columbia University Press).

15   Göran Therborn, 1980, *The Ideology of Power and the Power of Ideology* (London: Verso).

16   Steven Lukes, 1974, *Power: A Radical View*(London: Palgrave).

제5장 능력주의는 차별이 아니다?: 체념

1   Stuart White, 2003, *The Civic Minimum: On the Rights and Obligations of Economic Citizenship*(Oxford: Oxford University Press).

2   같은 책, p. 40.

3   Max Weber, 1994, "The 'Rationalization' of Education and Training", in David B. Grusky ed., *Social Stratification: Class, Race, and Gender in Sociological Perspective*(Boulder: Westview Press).

4   Steven Jay Gould, 1980, "Wide Hats and Narrow Minds", in *The Panda's Thumb*(New York: W. W. Norton), p. 151.

5   주동률, 「롤스의 분배정의론의 특징들과 현대 평등주의: 롤스는 어떤 점에서, 혹은 과연, 평등주의자인가?」, 황경식·박정순, 『롤스의 정의론과 그 이후』(철학과현실사, 2009).

6   JTBC, 2018년 11월 23일~2019년 2월 1일, 20부작. 이하 대사는 나무

위키(https://namu.wiki/w/SKY%20%EC%BA%90%EC%8A%AC) 참조.

7 배다연·유지수·김은지·이주은·이주희, 2022, 「코로나19 시기 원격등교에서 나타난 고교유형별 교육불평등 실태와 함의」, 『경제와 사회』 133:187-239.

8 같은 책, 207쪽, 강지은(가명) 학생 면접 사례 일부 인용.

9 같은 책, 219쪽, 한지영(가명) 학생 면접 사례 일부 인용.

10 같은 책, 217~217쪽, 양선우(가명) 학생 면접 사례 일부 인용.

11 같은 책.

12 「'2021 OECD 교육지표' 대학 공교육비 정부투자 비율 39.7%… OECD 평균 66.2% '여전한 격차'」, 베리타스 알파, 2021년 9월 17일자, http://www.veritas-a.com/news/articleView.html?idxno=388029.

13 tvN, 2014년 10월 17일~12월 20일, 20부작.

14 한국비정규노동센터, 「간접고용노동자 노동인권 실태조사」, 2018년도 국가인권위원회 인권상황 실태조사 연구용역보고서.

15 이주희·김명희, 2015, 「일자리에서의 불평등 인식이 정신건강에 미치는 영향: 고용형태를 중심으로」, 『산업노동연구』 21(3):147-180.

16 같은 글.

17 같은 글.

18 박선영, '90년대생 여성노동자의 노동실태가 우울에 미치는 영향', 「90년대생 여성노동자 실태조사 토론회 2」, 2022년 10월 13일, 한국여성노동자회 유튜브.

19 김성경, 「한국성별 임금 격차 26년째 OECD 1위」, 『부산여성신문』, 2022년 12월 5일자.

20 통계청, 「생활시간조사」 각 년도.

21 OECD, *OECD Gender Data Potal*, https://www.oecd.org/gender/data, 2021년 3월.

22 Gary Becker, 1985, "Human Capital, Effort, and the Sexual Division of Labor," *Journal of Labor Economics* 3(1):S33-S58.

23 Barbara Bergmann, 1986, *The Economic Emergence of Women*(New York: Basic Books).

24 Paula England and Nancy Folbre, 2005, "Gender and Economic Sociology", In *The Handbook of Economic Sociology*, edited by N. Smelser and R. Swedberg(Princeton: Princeton University Press), pp. 627-649.

25 정경윤, "채용·승진 성차별 사례연구결과 발표", 「성차별 고용관행, 개선 방법은 무엇인가?」 토론회, 민주노총 정책연구원, 2019년 12월 18일.

26 오연서, 「인권위, 여성노동자 직급·임금차별 KEC에 시정권고」, 『한겨레』, 2019년 9월 19일자.

27 김창환·오병돈, 2019, 「경력 단절 이전 여성은 차별받지 않는가?: 대졸 20대 청년층의 졸업 직후 성별 소득격차 분석」, 『한국 사회학』 53(1):167-204.

28 Joohee Lee, 2017, "More Protection, Still Gendered: The Effects of Non-Standard Employment Protection Acts on South Korean Women Workers", *Journal of Contemporary Asia* 47(1):46-65.

제6장 '다중균형 사회'의 일하는 여성: 적응

1 Margaret S. Archer, 2003, *Structure, Agency, and the Internal Conversation*(Cambridge: Cambridge University Press).

2 요스타 에스핑-안데르센, 『끝나지 않은 혁명』, 주은선·김영미 옮김, 나눔의 집, 2014[2009].

3 주재선 외, 2021, 「2021년 여성가족패널조사」 한국여성정책연구원 연

구보고서.

4 Gosta Esping-Andersen, 2002, "A New Gender Contract", in *Why We need a New Welfare State*(Oxford: Oxford University Press).

5 Rosabeth Moss Kanter, 1977, *Men and Women of the Corporation*(New York: Basic Books).

6 "Celebrating 'The Men And Women Of The Corporation' 40 Years Later" by Robin J. Ely, 2018년 9월 10일, Harvard Business School. 일리도 캔터가 오랜 기간 근무한 Harvard Business School 교수다. https://hbswk.hbs.edu/item/celebrating-the-men-and-women-of-the-corporation-40-years-later.

7 Rosabeth Moss Kanter, 위의 책.

8 최우미 전국금융산업노동조합 부위원장, 「금융권 성차별 채용비리 실태 및 문제점」, '금융권 채용비리를 통해 본 남녀고용차별 개선과제 토론회', 국회의원회관 제1세미나실, 2018년 5월 29일.

9 이주희, 2008, 「직군제의 고용차별 효과: 금융산업을 중심으로」, 『경제와 사회』 80:165-194.

10 정경윤, "채용·승진 성차별 사례연구결과 발표", 「성차별 고용관행, 개선 방법은 무엇인가?」 토론회, 민주노총 정책연구원, 2019년 12월 18일.

11 Rosabeth Moss Kanter, 1977, *Men and Women of the Corporation*(New York: Basic Books).

12 같은 책.

13 같은 책.

14 같은 책. p. 159.

15 Federal Glass Ceiling Commission, 1995, *Good for Business: Making full use of the nation's human capital*(Washington D.C.).

16 Janeen Baxter and Erik Olin Wright, 2000, "The Glass Ceiling Hypothesis: A Comparative Study of the United States, Sweeden

and Australia." *Gender and Society* 14(2): 275-294.

17 백승호, 「여성판사 비율이 30%를 넘어섰다. 그러나 고위직으로 가면 여성 비율이 줄어든다」, 허핑턴포스트, 2019년 3월 25일자.

18 Pamela Stone, 2007, *Opting Out?: Why Women Really Quit Careers and Head Home*(Berkeley: University of California Press).

19 같은 책.

20 같은 책.

21 같은 책.

22 M. V. Lee Badgett and Nancy Folbre, 1999, "Assigning Care: Gender Norms and Economic Outcomes", *International Labor Review* 138(3):311-326.

23 Harry Brighouse and Erik Olin Wright, 2008, "Strong Gender Egalitarianism", *Politics and Society* 36(3):360-372.

24 Anthony Heyes, 2005, "The Economics of Vocation or 'Why is Badly Paid Nurse a Good Nurse?'", *Journal of Health Economics* 24(3):561-569.

25 Paula England and Nancy Folbre, 1999, "The Cost of Caring", *The Annals of the American Academy of Political and Social Science* 561:39-51.

26 Michelle Budig and Joya Misra, 2010, "How Care Work Employment Shapes Earnings in Cross-National Perspective", *International Labour Review* 149(4):441-460.

27 이주희·정성진·이다은, 2019, 「서비스업 불안정 노동 재생산 기제: 최저임금과 노동조합에 대한 인식을 중심으로」, 『산업노동연구』 25(3):278.

28 손보미, 「임시 교사」, 『2022 제45회 이상문학상 작품집』, 문학사상, 2022.

29 위의 책, p. 132.

30 위의 책, p. 138.

31 위의 책, p. 147.

32 위의 책, p. 149.

제7장 분열과 갈등의 정체성 정치: 혐오

1   Tony Morrison, 1970, *The Bluest Eye*(New York:Vintage International).

2   Martha C. Nussbaum, 2008, "Hiding from Humanity: Replies to Charlton, Haldane, Archard, and Brooks", *Journal of Applied Philosophy* 25(4):335-349.

3   한미애, 2022, 「분리와 통합의 기제로서 '혐오' 프레임에 관한 연구: 프랑스 극우 정당 사례를 중심으로」, 『유럽연구』 40(3):289-314.

4   Rashawn Ray and Fabio Rojas, 2018, "Genuine Anger, Genuinely Misplaced", *Contexts* 17(1):13-15.

5   이설희·김수아·홍남희, 2020, 「온라인 성차별 혐오 표현의 특징과 내용 규제 쟁점」, 『미디어, 젠더&문화』 35(3):61-103.

6   홍지아, 2022, 「젠더갈등은 어떻게 우리 사회의 주요 담론이 되었는가?: 보수언론의 젠더갈등 기사 분석을 중심으로」, 『미디어, 젠더&문화』 37(2):99-155.

7   하승태, 2022, 「정치 지도자의 부정적 정서(ANCOD: 분노, 경멸, 혐오) 표현이 수용자의 공격적 태도와 행위에 미치는 영향: 제19대 대통령 선거 후보를 중심으로」, 『지역과 커뮤니케이션』 26(1):149-174.

8   Aurel Kolnai, 2004, *On Disgust*(Chicago and La Salle, Illinois: Open Court). 하홍규, 「배제된 죽음, 가치상실, 노인혐오」(『사회이론』 2022 가을/겨울)에서 재인용.

9   이주희, 2014, 「세대별 고용형태에 따른 복지국가 만족도 및 선호 비교」, 『경제와 사회』 103:154.

10 Laura Tyson and Susan Lund, 2021, "Op-Ed: How Covid-19 will Change the Low-wage Labor Market Permanantly", *Los Angeles Times*(March 17).

11 Dan Cassino, 2018, "Emasculation, Conservatism, and the 2016 Election", *Contexts* 17(1):48-53.

12 봉준호 감독의 2019년도 한국 영화. 배급 씨제이엔터테인먼트.

13 마사 C. 누스바움, 『혐오와 수치심: 인간다움을 파괴하는 감정들』, 조계원 옮김, 민음사, 2015, 166쪽.

14 보건복지부·한국생명존중희망재단, 「2021 자살예방백서」.

15 국가인권위원회, 「온라인 혐오 표현 인식조사」 2021. 5. 조사기관은 (주)리얼미터였으며 구조화된 설문지를 활용한 모바일 조사방식으로 실시되었다. 응답률은 12.1퍼센트였다.

16 김승섭, 『아픔이 길이 되려면: 정의로운 건강을 찾아 질병의 사회적 책임을 묻다』, 동아시아, 2017.

17 김정숙·임선경·김명찬, 2021, 「질적 메타분석을 통해 살펴본 성소수자의 변화과정 경험」, 『열린교육연구』 29(6):49-74.

18 보건복지부·한국생명존중희망재단, 「2021 자살예방백서」.

19 이은아, 2021, 「노인의 차별경험과 자살생각 간의 관계에 대한 상실감, 우울감의 매개효과 연구」, 『디지털융복합연구』 19(12):541-548.

20 김수진·김미혜, 2018, 「중년의 차별경험이 노인에 대한 차별행동에 미치는 영향: 노인지위인식의 조절효과」, 『한국노년학』 38(1):187-202.

21 김현수 외, 『가장 외로운 선택』, 북하우스, 2022, 138쪽.

22 보건복지부·한국생명존중희망재단, 「2021 자살예방백서」.

23 김현수 외, 위의 책.

24 김현수 외, 위의 책, 105쪽.

제8장 차별금지법과 적극적 조치

1 에란 테르보른, 『불평등의 킬링필드』, 이경남 옮김, 문예춘추사, 2014 [2013].

2 국가인권위원회 보도자료, 「2022 평등에 관한 인식조사 결과 요약」, 2022년 5월 8일. 2022년 4월 자동응답 전화로 약 1000명의 국민을 대상으로 한 조사에서, 응답자의 67퍼센트가 우리 사회의 차별이 심각한 수준이며 차별금지법이 필요하다는 데 동의했고, 차별 해소가 사회적 문제라는 데에는 더 많은 75퍼센트가 찬성했다.

3 국가인권위원회 보도자료, 「모두를 위한 평등 향해 담대한 걸음 내디딜 때」, 2020년 6월 30일. 별첨-평등법 시안.

4 홍성수, 2018, 「포괄적 차별금지법의 필요성: 평등기본법을 위하여」, 『이화젠더법학』 10(3):1-38.

5 박서윤 기자, 「공정 외치는 MZ세대, 차별금지법 반대하는 이유는」, 『이데일리』, 2021년 7월 7일자.

6 이지현, 2014, 「한국에서 차별금지법 제정에 있어서 성적지향을 둘러싼 갈등과 전망」, 『중앙법학』 16(3):107-139.

7 국가인권위원회, "평등법 쟁점과 팩트체크", 「평등법 설명자료3」, 2020년 12월.

8 파스칼 메르시어, 『리스본행 야간열차』, 전은경 옮김, 들녘, 2007[2004], 217쪽.

9 존 패트릭 샌리 감독의 2008년 미국 영화. 미라맥스. 이 영화는 감독이자 각본가 샌리 2004년 연극 「다우트Doubt: A Parable」를 원작으로 한다.

10 John David Skrentny, 1996, *The Ironies of Affirmative Action: Politics, Culture, and Justice in America*(Cheago: University of Chicago Press).

11 U.S. Department of Labor, 1998, *Federal Contract Compliance*

Manual(FCCM).

12   Harry J. Holzer and David Neumark, 2000, "What Does Affirmative Action Do?", *Industrial and Labor Relations Review* 53(2):240-271.

13   Linda Paye Williams, 1996, "Tracing the Politics of Affirmative Action", in George E. Curry ed., *The Affirmative Action Debate*(MA: Addison-Wesley).

14   Manning Marable, 1996, "Staying on the Path to Racial Equality", in George E. Curry ed., *The Affirmative Action Debate*(MA: Addison-Wesley).

15   이주희, 2011, 「적극적 조치와 여성고용」, 『젠더법학』 3(2):67-87.

16   Stephen Coate and Glenn Loury, 1993, "Andidiscrimiation Enforcement and the Problem of Patronizing", *American Economic Reivew* 83(2):92-98. 같은 해 출판된 저자들의 다른 논문도 참고 가능, "Will Affirmative-Action Policies Eliminate Negative Stereotypes?", *American Economic Review* 83(5):1220-1240.

17   Joseph G Altonji and Rebecca M. Blank, 1999, "Race and Gender in the Labor Market", in *Handbook of Labor Economics*, Volume 3C, eds., Orley Ashenfelter and David Card(Amsterdam: Elsevier Science B. V.).

18   Erin Kelly and Frank Dobbin, 1998, "How Affirmative Action Became Diversity Management: Employer Response to Antidiscrimination Law, 1961-1996", *American Behavioral Scientist* 41(7):960-984.

19   Bill Clinton, "Mend It, Don't End It", in George E. Curry ed., *The Affirmative Action Debate*(Radion, MA: Addison-Wesley, 1996).

제9장 기본소득과 기본서비스: 한국 사회 평등의 에토스를 위하여

1   John Maynard Keynes, 1930, "Economic Possibilities for Our Grandchildren", in *Essays in Persuasion*(New York: Harcourt Brace), pp. 358-373.

2   Claus Offe, 1992, "A Non-Productivist Design for Social Policies", in Philippe van Parijs, ed., *Arguing for Basic Income*(London: Verso), pp. 61-78.

3   Joe Chrisp and Luke Martinelli, 2019, "Neither Left Nor Right", in Malcolm Torry, ed., *The Palgrave International Handbook of Basic Income*(Switzerland: Palgrave Macmillan), pp. 477-492.

4   Erik Olin Wright, 2010, *Envisioning Real Utopias*(London: Verso).

5   요스타 에스핑 안데르센, 『끝나지 않은 혁명』, 주은선·김영미 옮김, 나눔의 집, 2014[2009].

6   Anca Gheaus, 2008, "Basic Income, Gender Justice and the Costs of Gender-Symmetrical Lifestyles", *Basic Income Studies* 3(3):1-8.

7   Alison Koslowski and Ann-Zofie Duvander, 2018, "Basic Income: The Potential for Gendered Empowerment?", *Social Inclusion* 6(4):8-15.

8   Melina Buchs, 2021, "Sustainable Welfare: How Do Universal Basic Income and Universal Basic Services Compare?", *Ecological Economics* 189, pp. 1-9.

9   복지 태도 중 사회보험과 관련된 분석 결과는 다음 논문 참조. 박경진·윤자호·이주희, 2022, 「청년 플랫폼 노동자의 일 경험과 사회보험에 대한 태도」, 『사회복지정책과 실천』 8(3):45-87.

제10장 나가는 글: 자유 대 자유

1   20대 대선 당시 국민의 힘 윤석열 후보가 2021년 12월 22일 전북대 학생들과의 공개 미팅 행사에서 한 말. 장은현, 「윤석열, '극빈층, 배운 게 없는 사람 자유 필요성 못 느껴」, 연합뉴스, 12월 22일 보도.

2   Anthony Downs, 1957, "An Economic Theory of Political Action in a Democracy", *Journal of Political Economy* 65(2):135-150.

3   Anthony Petrosino, Carolyn Turpin-Petrosino and John Buehler, 2003, "Scared Straight and Other Juvenile Awareness Programs for Preventing Juvenile Delinquency: A Systematic Review of the Randomized Experimental Evidence", *The Annals of the American Academy of Political and Social Science* 589:41-62.

4   마이클 만 감독의 1979년작 TV영화(Prouduction company: ABC Circle Films).

참고문헌

국가인권위원회, 2021. 5, 「온라인 혐오 표현 인식조사」.

──────────, 2020. 12, "평등법 쟁점과 팩트체크", 「평등법 설명자료3」.

김수진·김미혜, 2018, 「중년의 차별경험이 노인에 대한 차별행동에 미치는 영향: 노인지위인식의 조절효과」, 『한국노년학』 38(1):187-202.

김승섭, 2017, 『아픔이 길이 되려면: 정의로운 건강을 찾아 질병의 사회적 책임을 묻다』, 서울: 도서출판 동아시아.

김영환, 2011. 「제대군인 가산점제도에 관한 연구: 미국의 법률과 판례를 중심으로」, 『유럽헌법연구』 9:301-332.

김정숙·임선경·김명찬, 2021, 「질적 메타분석을 통해 살펴본 성소수자의 변화과정 경험」, 『열린교육연구』 29(6):49-74.

김창환·오병돈, 2019, 「경력 단절 이전 여성은 차별받지 않는가?: 대졸 20대 청년층의 졸업 직후 성별 소득격차 분석」, 『한국 사회학』 53(1):167-204.

김현수·이현정·장숙랑·이기연·주지영·박건우, 2022, 『가장 외로운 선택』, 서울: 북하우스.

라이트, 에릭 올린, 2012(2010), 『리얼유토피아: 좋은 사회를 향한 진지한 대화』(Erik Olin Wright, *Envisioning Real Utopias*), 권화현 옮김, 파주: 들녘.

마사 누스바움, 2015, 『혐오와 수치심: 인간다움을 파괴하는 감정들』, 조계
　　원 옮김, 서울: 민음사.

메르시어, 파스칼, 2007(2004), 『리스본행 야간열차』(Pascal Mercier, *Nachtzug
　　nach Lissabon*), 전은경 옮김, 파주: 들녘, 217쪽.

박경진·윤자호·이주희, 2022, 「청년 플랫폼 노동자의 일 경험과 사회보험에
　　대한 태도」, 『사회복지정책과 실천』 8(3):45-87.

박선영, 2022, "90년대생 여성노동자의 노동실태가 우울에 미치는 영향",
　　「90년대생 여성노동자 실태조사 토론회2」, 2022년 10월 13일 한국여
　　성노동자회 유튜브.

보건복지부, 한국생명존중희망재단, 2021, 「2021 자살예방백서」.

배다연·유지수·김은지·이주은·이주희, 2022, 「코로나19 시기 원격등교
　　에서 나타난 고교유형별 교육불평등 실태와 함의」, 『경제와 사회』
　　133:187-239.

손보미, 2022, 「임시 교사」, 『2022 제45회 이상문학상 작품집』, 파주: 문학사상.

에스핑 - 안데르센, 요스타, 2014(2009), 『끝나지 않은 혁명』(Gosta Esping-
　　Andersen, *The Incomplete Revolution*), 주은선·김영미 옮김, 서울: 나눔
　　의 집.

이민진, 2022(2007), 『백만장자를 위한 공짜음식 1』(Min Jin Lee, *Free Food
　　for Millionaires*), 유소영 옮김, 서울: 인플루엔셜.

이설희·김수아·홍남희, 2020, 「온라인 성차별 혐오 표현의 특징과 내용 규
　　제 쟁점」, 『미디어, 젠더&문화』 35(3):61-103.

이은아, 2021, 「노인의 차별경험과 자살생각 간의 관계에 대한 상실감, 우울
　　감의 매개효과 연구」, 『디지털융복합연구』 19(12):541-548.

이주희, 2008, 「직군제의 고용차별효과: 금융산업을 중심으로」, 『경제와 사
　　회』 80:165-194.

　　　　, 2011, 「적극적 조치와 여성고용」, 『젠더법학』 3(2):67-87.

　　　　, 2014, 「세대별 고용형태에 따른 복지국가 만족도 및 선호 비교」, 『경

제와 사회』 103:129-165.

이주희·김명희, 2015, 「일자리에서의 불평등 인식이 정신건강에 미치는 영향: 고용형태를 중심으로」,『산업노동연구』 21(3):147-180.

이주희·정성진·안민영·유은영, 2015, 「모호한 고용 관계의 한국적 특성 및 전망」,『동향과 전망』 95:252-289.

이주희·정성진·이다은, 2019, 「서비스업 불안정 노동 재생산 기제: 최저임금과 노동조합에 대한 인식을 중심으로」,『산업노동연구』 25(3):278.

이지현, 2014, 「한국에서 차별금지법 제정에 있어서 성적지향을 둘러싼 갈등과 전망」,『중앙법학』 16(3):107-139.

전병유, 2010, 「네덜란드의 시간제 근로 실태」, 이주희 외 저,『여성고용률 제고를 위한 선진국 시간제 근로자 실태연구』, 노사발전재단 연구보고서.

정경윤, 2019, "채용·승진 성차별 사례연구결과 발표", 「성차별 고용관행, 개선 방법은 무엇인가?」 토론회, 민주노총 정책연구원, 2019년 12월 18일.

조남주, 2016,『82년생 김지영』, 서울: 민음사.

주동률, 2009, 「롤스의 분배정의론의 특징들과 현대 평등주의: 롤스는 어떤 점에서, 혹은 과연, 평등주의자인가?」,『롤스의 정의론과 그 이후』, 서울: 철학과 현실사.

주재선 외, 2021, 「2021년 여성가족패널조사」 연구보고서, 서울: 한국여성정책연구원.

최우미, 2018, "금융권 성차별 채용비리 실태 및 문제점", 「금융권 성차별 채용 비리를 통해 본 남녀고용차별 개선과제 토론회」, 2018년 7월 16일.

테르보른, 예란, 2014(2013),『불평등의 킬링필드』(Göran Therborn, *The Killing Fields of Inequality*), 이경남 옮김, 서울: 문예춘추사.

통계청, 「생활시간조사」, 각 년도.

하승태, 2022, 「정치 지도자의 부정적 정서(ANCOD: 분노, 경멸, 혐오) 표현이 수용자의 공격적 태도와 행위에 미치는 영향: 제19대 대통령 선거 후보를 중심으로」,『지역과 커뮤니케이션』 26(1):149-174.

하홍규, 2022, 「배제된 죽음, 가치상실, 노인혐오」, 『사회이론』 62:107-136.

한국비정규노동센터, 2018, 「간접고용노동자 노동인권 실태조사」, 2018년
도 국가인권위원회 인권상황 실태조사 연구용역보고서.

한미애, 2022, 「분리와 통합의 기제로서 '혐오' 프레임에 관한 연구: 프랑스
극우 정당 사례를 중심으로」, 『유럽연구』 40(3):289-314.

혹실드, 앨리 러셀, 2009(2003), 『감정노동』(Arlie Russell Hochschild, *The
Managed Heart: Commercialization of Human Feeling*), 이가람 옮김, 서
울: 이매진.

홍성수, 2018, 「포괄적 차별금지법의 필요성: 평등기본법을 위하여」, 『이화
젠더법학』 10(3):1-38.

홍지아, 2022, 「젠더갈등은 어떻게 우리 사회의 주요 담론이 되었는가?:
보수언론의 젠더갈등 기사 분석을 중심으로」, 『미디어, 젠더&문화』
37(2):99-155.

Acker, Joan, 1990, "Hierarchies, Jobs, Bodies: A Theory of Gendered
Organizations," *Gender and Society* 4(2):139-158.

Altonji, Joseph G., and Rebecca M. Blank, 1999, "Race and Gender in the
Labor Market," in *Handbook of Labor Economics*, Volume 3C, eds.,
Orley Ashenfelter and David Card, Amsterdam: Elsevier Science
B. V.

Archer, Margaret S, 2003, *Structure, Agency, and the Internal Conversation*,
Cambridge: Cambridge University Press.

Badgett, M. V. Lee, and Nancy Folbre, 1999, "Assigning Care: Gender
Norms and Economic Outcomes," *International Labor Review*
138(3):311-326.

Baron, James N, 1992, "Organizational Evidence of Ascription in
Labor Markets," in Richard Cornwall and P. V. Wunnava eds.,

New Approaches to Economic and Social Analyses of Discrimination, Westport, Conn.: Praeger Publishers.

Baxter, Janeen, and Erik Olin Wright, 2000, "The Glass Ceiling Hypothesis: A Comparative Study of the United States, Sweeden and Australia." *Gender and Society* 14(2): 275-294.

Becker, Gary, 1971, *The Economics of Discrimination*, 2nd edition, Chicago: University of Chicago Press.

———, 1985. "Human Capital, Effort, and the Sexual Division of Labor," *Journal of Labor Economics* 3(1): S33-S58.

Bergmann, Barbara, 1986, *The Economic Emergence of Women*, New York: Basic Books.

Block, Fred, and Margaret Somers, 2003, "In the Shadow of Speenhamland: Social Policy and the Old Poor Law," *Politics and Society* 31(2):283-323.

Blumrosen, Alfred W., 1972, "Strangers in Paradise: Griggs v. Duke Power Co. and the Concept of Employment Discrimination," *Michigan Law Review* 71(1):59-110.

Brighouse, Harry, and Erik Olin Wright, 2008, "Strong Gender Egalitarianism," *Politics and Society* 36(3):360-372.

Buchs, Melina, 2021, "Sustainable Welfare: How Do Universal Basic Income and Universal Basic Services Compare?" *Ecological Economics* 189:1-9.

Budig, Michelle, and Joya Misra, 2010, "How Care Work Employment Shapes Earnings in Cross-National Perspective," *International Labour Review* 149(4):441-460.

Cassino, Dan, 2018, "Emasculation, Conservatism, and the 2016 Election," *Contexts* 17(1):48-53.

Cha, Youngjoo, and Kim A. Weeden, 2014, "Overwork and the Slow Convergence in the Gender Gap in Wages," *American Sociological Review* 79(3):457-484.

Chrisp, Joe, and Luke Martinelli, 2019, "Neither Left Nor Right," in Malcolm Torry, ed., *The Palgrave International Handbook of Basic Income*, Switzerland: Palgrave Macmillan, pp. 477-492.

Clinton, Bill, 1996, "Mend It, Don't End It," in George E. Curry ed., *The Affirmative Action Debate*, Radion, MA: Addison-Wesley.

Coate, Stephen, and Glenn Loury, 1993, "Andidiscrimiation Enforcement and the Problem of Patronizing," *American Economic Reivew* 83(2):92-98.

＿＿＿＿＿＿＿＿＿＿＿＿＿＿＿, 1993, "Will Affirmative-Action Policies Eliminate Negative Stereotypes?" *American Economic Review* 83(5):1220-1240.

Cohen, Joshua, and Joel Rogers, 1995, *Associations and Democracy*, The Real Utopias Project Vol. 1, London: Verso.

Downs, Anthony, 1957, "An Economic Theory of Political Action in a Democracy," *Journal of Political Economy* 65(2):135-150.

Dore, Ronald, 2004, *New Forms and Meanings of Work in an Increasingly Globalized World*, ILO social policy lectures, Stationary Office.

England, Paula, 1994, "Neoclassical Economists' Theories of Discrimination," in Paul Burnstein ed., *Equal Employment Opportunity: Labor Market Discrimination and Public Policy*, New York: Walter de Gruyter.

England, Paula, and Nancy Folbre, 1999, "The Cost of Caring," *The Annals of the American Academy of Political and Social Science* 561:39-51.

_____, 2005, "Gender and Economic Sociology," In *The Handbook of Economic Sociology*, edited by N. Smelser and R. Swedberg, Princeton: Princeton University Press, pp. 627-649.

Esping-Andersen, Gøsta, 2002, "A New Gender Contract," in *Why We need a New Welfare State*, Oxford: Oxford University Press.

Federal Glass Ceiling Commission, 1995, *Good for Business: Making full use of the nation's human capital*, Washington D. C.

Figart, Deborah M., and Ellen Mutari, 1998, "Degendering Work Time in Comparative Perspective: Alternative Policy Frameworks," *Review of Social Economy* 56(4):460-480.

Gheaus, Anca, 2008, "Basic Income, Gender Justice and the Costs of Gender-Symmetrical Lifestyles," *Basic Income Studies* 3(3):1-8.

Gold, David, Clarence Lo, and Erik Olin Wright, 1975, "Recent Developments in Marxist Theories of the Capitalist State, Part 2" *Monthly Review* 27(6):36-51.

Golden, Lonnie, and Deborah Figart, 2000, "Doing Something about Long Hours," *Challenge* 43(6):15-37.

Gould, Steven Jay, 1980, "Wide Hats and Narrow Minds," in *The Panda's Thumb*, New York: W. W. Norton, p. 151.

Gramsci, Antonio, 2011, *Prison Notebooks*, New York: Columbia University Press.

Heyes, Anthony, 2005, "The Economics of Vocation or 'Why is Badly Paid Nurse a Good Nurse?'" *Journal of Health Economics* 24(3):561-569.

Hijzen, A., and S. Thewissen, 2020, "The 2018-2021 working time reform in Korea: A preliminary assessment," OECD Social, Employment and Migration Working Papers, No. 248, OECD Publishing, Paris, https://doi.org/10.1787/0e828066-en.

Hochschild, Arlie Russell, 1979, "Emotion Work, Feeling Rules, and Social Structure," *American Journal of Sociology* 85(3):551-575.

Holzer, Harry J., and David Neumark, 2000, "What Does Affirmative Action Do?" *Industrial and Labor Relations Review* 53(2):240-271.

Jasper, James M., 2011, "Emotions and Social Movements: Twenty years of Theory and Research," *Anuual Review of Sociology* 37:285-303.

Kanter, Rosabeth Moss, 1977, *Men and Women of the Corporation*, New York: Basic Books.

Keynes, John Maynard, 1930, "Economic Possibilities for Our Grandchildren," in *Essays in Persuasion*, New York: Harcourt Brace. pp. 358-373.

Kelly, Erin, and Frank Dobbin, 1998, "How Affirmative Action Became Diversity Management: Employer Response to Antidiscrimination Law, 1961-1996," *American Behavioral Scientist* 41(7):960-984.

Koslowski, Alison, and Ann-Zofie Duvander, 2018, "Basic Income: The Potential for Gendered Empowerment?" *Social Inclusion* 6(4):8-15.

Krugman, Paul, 1994, "The Myth of Asia's Miracle" *Foreign Affairs* 73(6): 62-78.

Lee, Joohee, 1997, "Class Strucgure and Class Consciousness in South Korea," *Journal of Contemporary Asia* 27:2.

_____, 2017, "More Protection, Still Gendered: The Effects of Non-Standard Employment Protection Acts on South Korean Women Workers," *Journal of Contemporary Asia* 47(1):46-65.

Lukes, Steven, 1974, *Power: A Radical View*, London: Palgrave.

Lundberg, Shelly J., 1989, "Equality and Efficiency: Antidiscrimination

Polices in Labor Market," *Contemporary Policy Issues* 7:75-94.

Marable, Manning, 1996, "Staying on the Path to Racial Equality" in George E. Curry ed., *The Affirmative Action Debate*, MA: Addison-Wesley.

Marx, Karl, and Friederich Engels, 1978[1848], "The Communist Manifesto, in *The Marx-Engels Reader*, ed. by Robert Tucker, New York: Norton.

Morrison, Tony, 1970, *The Bluest Eye*, New York: Vintage International.

Nussbaum, Martha C, 2008, "Hiding from Humanity: Replies to Charlton, Haldane, Archard, and Brooks," *Journal of Applied Philosophy* 25(4):335-349.

OECD, 2021, OECD Gender Data Potal, https://www.oecd.org/gender/data, 2021. 3.

Offe, Claus, 1992, "A Non-Productivist Design for Social Policies," in Philippe van Parijs, ed., *Arguing for Basic Income*, London: Verso. pp. 61-78.

Offe, Claus, and Helmut Wiesenthal, 1980, "Two Logics of Collective Action: theoretical notes on social class and organizational form," in Maurice Zeitlin ed., *Political Power and Social Theory*, vol. 1, Oxford: JAI Press.

Petrosino, Anthony, Carolyn Turpin-Petrosino and John Buehler, 2003, "Scared Straight and Other Juvenile Awareness Programs for Preventing Juvenile Delinquency: A Systematic Review of the Randomized Experimental Evidence," *The Annals of the American Academy of Political and Social Science* 589:41-62.

Polanyi, Karl, 1957[1944], *The Great Transformation: the Political and Economic Origins of Our Time*, Boston: Beacon Press.

Posner, Eric A., and Eric Glen Weyl, 2018, *Radical Markets: Uprooting Capitalism and Democracy for a Just Society*, Princeton: Princeton University Press.

Ray, Rashawn, and Fabio Rojas, 2018, "Genuine Anger, Genuinely Misplaced," *Contexts* 17(1):13-15.

Reskin, Barbara F., 1998, *The Realities of Affirmative Action in Employment*, Washington D.C.: American Sociological Association.

Rose, David L., 1989, "Twenty-Five Years Later: Where Do We Stand on Equal Employment Opportunity Law Enforcement?," *Vanderbilt Law Review* 42:1121-1181.

Scholz, Trebor, 2016, *Platform Cooperativism*, Rosa Luxemburg Stigtung, New York Office.

Scott, Richard, 2002, *Organizatons: Rational, Natural, and Open Systems*, 5th edition, New York: Taylor & Francis.

Skocpol, Theda, 1985, "Bringing the State Back In: Strategies of Analysis in Current Research," in *Bringing the State Back In*, ed. by Peter B. Evans, Dietrich Rueschemeyer, and Theda Skocpol, Cambridge: Cambridge University Press.

Skrentny, John David, 1996, *The Ironies of Affirmative Action: Politics, Culture, and Justice in America*, Chcago: University of Chicago Press.

Stone, Pamela, 2007, *Opting Out?: Why Women Really Quit Careers and Head Home*, Berkeley: University of California Press.

Therborn, Göran, 1980, *The Ideology of Power and the Power of Ideology*, London: Verso.

Thoits, Peggy A., 1989, "The Sociology of Emotions," *Annual Review of Sociology* 15:317-342.

Tilly, Charles, 1998, *Durable Inequality*, Berkeley and Los Angeles: University of California Press.

Trimberger, Ellen Kay, 1978, *Revolution from Above: Military Bureaucrats and Development in Japan, Turkey, Egypt, and Peru*, New Brunswick, NJ: Transaction Books.

Turner, Jonathan H., and Jan E. Stets, 2006, "Sociological Theories of Human Emotions," *Annual Review of Sociology* 32:25-52.

U.S. Bureau of the Census, U.S. Census of Population: 1960, Vol. 1, *Characteristics of the Population*.

U.S. Department of Labor, 1998, *Federal Contract Compliance Manual (FCCM)*. Employment Standard Administration, Office of Federal Contract Compliance Programs.

Walzer, Michael, 1983, *Spheres of Justice: A Defense of Pluralism and Equality*, New York: Basic Books.

Weber, Max, 1978, *Economy and Society*, ed. by Guenther Roth and Claus Wittich, Berkeley: University of California Press.

_____, 1994, "The "Rationalization" of Education and Training," in David B. Grusky ed., *Social Stratification: Class, Race, and Gender in Sociological Perspective*, Boulder: Westview Press.

White, Stuart, 2003, *The Civic Minimum: On the Rights and Obligations of Economic Citizenship*, Oxford: Oxford University Press.

Williams, Christine et al., 2012, "Gendered Organizations in the New Economy," *Gender and Society* 26(4):549-573.

Williams, Linda Paye, 1996, "Tracing the Politics of Affirmative Action," in George E. Curry ed., *The Affirmative Action Debate*, MA: Addison-Wesley.

Williams, Wendy, 1997, "The Equality Crisis: Some Reflections on

Culture, Courts, and Feminism," in *Feminist Social Thought: A Reader*, ed. by Diana Tietjens Meyers, London: Routledge.

Wright, Erik Olin, 1985, *Classes*, London: Verso.

_____, 2010, *Envisioning Real Utopias*, London: Verso.

찾아보기

차별하는 구조 차별받는 감정

1판 1쇄	2023년 7월 7일
1판 2쇄	2023년 8월 10일

지은이	이주희
펴낸이	강성민
편집장	이은혜
마케팅	정민호 박치우 한민아 이민경 박진희 정경주 정유선 김수인
브랜딩	함유지 함근아 박민재 김희숙 고보미 정승민
제작	강신은 김동욱 이순호

펴낸곳	(주)글항아리
출판등록	2009년 1월 19일 제406-2009-000002호

주소	10881 경기도 파주시 심학산로 10 3층
전자우편	bookpot@hanmail.net
전화번호	031-955-8869(마케팅) 031-941-5160(편집부)
팩스	031-941-5163

ISBN 979-11-6909-119-0 03300